创造高收益与商业拓展

稻盛和夫谈经营

[日]稻盛和夫 著
叶瑜 译

机械工业出版社
CHINA MACHINE PRESS

图书在版编目（CIP）数据

稻盛和夫谈经营：创造高收益与商业拓展/（日）稻盛和夫著；叶瑜译．—北京：机械工业出版社，2017.6（2023.11 重印）

ISBN 978-7-111-57212-1

I. 稻… II. ① 稻… ② 叶… III. 稻盛和夫—企业管理—经验 IV. F279.313.3

中国版本图书馆 CIP 数据核字（2017）第 128389 号

  本书是稻盛和夫先生针对塾生们提出的具体的经营问题，依据其经营哲学和切身经验，就应该如何解决这些问题所进行的阐述；其中包括对长期计划、改变低收益、产品定价、贴牌加工、销售策略、重振公司、回收债务等方面的分析和指导。

稻盛和夫谈经营：创造高收益与商业拓展

出版发行：机械工业出版社（北京市西城区百万庄大街 22 号　邮政编码：100037）
责任编辑：宋学文
责任校对：李秋荣
印　　刷：北京捷迅佳彩印刷有限公司
版　　次：2023 年 11 月第 1 版第 11 次印刷
开　　本：147mm×210mm　1/32
印　　张：7.75
书　　号：ISBN 978-7-111-57212-1
定　　价：59.00 元

客服电话：（010）88361066　68326294

版权所有·侵权必究
封底无防伪标均为盗版

推荐序

致良知之天理于事事物物

在盛和塾里,稻盛先生指导塾生企业家有三种形式。

第一种形式是稻盛先生发表主题讲演,比如在每年举办的"盛和塾世界大会"(过去叫"盛和塾全国大会")上,在每年的盛和塾塾长忘年例会上,在新的盛和塾开塾仪式上,稻盛都要发表一个多小时的讲演。这种不同内容的讲演已超过130次。稻盛的讲演每次都堪称经典。

第二种形式是稻盛先生对"塾生体验发表"进行点评。每年的"世界大会"上,稻盛要对8名塾生的发表进行点评。每月的塾长例会上,稻盛要对两名塾生的发表进行点评。近年来,在中国召开的"稻盛经营哲学报告会"上,稻盛每次对六七名塾生的发表进行点评。这样的点评的次数,加起来在500次以上。稻盛的点评有长有短,但无不切中要害,让人点头称是。

第三种形式就是经营问答。有专门的经营问答会,也有在恳亲会等场合随时随地的问答，这样的问答也在200次以上。

2015年7月初，我们中国盛和塾50名企业家专程赶往日本，与稻盛先生展开了面对面的经营问答。我们提出的问题，有些是中国企业特有的难题，提问者做了精心准备，提问的内容稻盛事先一概不知，整整一个半小时，稻盛的回答紧扣问题的本质，实实在在而又充满哲理。稻盛已经83岁高龄，最近腰痛，身体欠佳，一个半小时紧张的问答，稻盛全身心投入。接着开恳亲酒会，拍照握手问候，应接不暇，又是一个半小时，老人家已经疲惫不堪，送他时，稻盛才说了一句："这是苦修苦行啊！"

把与塾生间的经营问答活动看作"修行"，全然不顾年事已高，全力以赴，全神贯注。稻盛再次以他自我牺牲的实际行动，诠释了稻盛利他哲学的精髓。听闻7月下旬稻盛因操劳过度，突发较为严重的"带状疱疹"，住院治疗，塾生们心疼不已。

现在这本《稻盛和夫谈经营》由日本盛和塾事务局编制，目的是让盛和塾的企业家们从实例中更好地领悟哲学，从而促进自己更好地实践稻盛经营哲学。

阅读这本书，让我惊奇的是，对大大小小、各行各业、五花八门，几乎是经营者可能遭遇的所有的经营问题，稻盛都能即刻予以回答，而且一针见血，针针见血，深刻透彻。令提问者和听众们佩服得五体投地。

我在阅读稻盛的经营问答时，常常禁不住拍案叫绝。稻盛先生的这种指导百行百业、出神入化的本领究竟是从哪里来的呢？

稻盛的青少年时代充满了挫折，13岁时患肺结核，在死亡的威胁面前，小小年纪，稻盛就贪婪地阅读起《生命的实相》这本充满宗教哲理的书籍，并开始培养自己"从善意出发思考问题的习惯"。

大学毕业，在松风工业打工时，由于排除了杂念，意识高度集中，稻盛发明了陶瓷新材料，开发成功了畅销的新产品。在这个过程中，他领悟出了"心纯见真"的哲学。

创立京瓷后，在如何才能避免决策错误的焦虑中，稻盛悟出了判断事物的基准——"作为人，何谓正确"。这就是所谓稻盛经营哲学的"原点"。

在处理11名高中毕业生的辞职事件中，稻盛又悟出了经营的真谛，或者说经营企业真正的目的："在追求全体员工物质和精神两方面幸福的同时，为人类社会的进步发展做出贡献。"稻盛称之为"哲学的根干"。

在组织变大、管理出现混乱时，稻盛从孙悟空拔毛吹出分身的故事中悟出了"阿米巴经营"，把组织划分成小小的独立核算的单位，称为阿米巴。让全体员工参与经营，发挥出众人的力量和智慧。稻盛把阿米巴称为"员工实践哲学的道场"。

同时，京瓷的产品从陶瓷零件，发展到半导体电子零部件、切削工具、人工骨、再结晶宝石、汽车零部件、太阳能发电基板等。在这个过程中，京瓷又收购合并了某计算器厂、通信机器厂、复印机厂、光学材料厂、有机化工材料厂，乃至美国一万余人的大型电子零部件企业。京瓷的产品也发展到彩色复印机、手机等整机领域。在这个过程中稻盛积累了丰富的经营经验。

稻盛先生在拼命工作的同时拼命思考，他把自己丰富的经营经验加以提炼，上升到了哲学的高度，成为经营企业、度过人生的普遍正确的原理原则。依靠"京瓷哲学"，京瓷克服了20世纪70年代的石油危机，80年代的日元升值危机，90年代的泡沫经济危机，21世纪初的IT危机，以及后来的遍及全球的金融危机，获得了快速而持续的发展。

同时，千千万万个企业在顺境和危机中盛衰荣枯，也让稻盛从侧面学到了许多教训。

20世纪80年代中期，稻盛奋起参与国家规模的通信事业，创立第二电电（即后来的KDDI），把他的哲学发挥到了淋漓尽致的境地，并获得了卓越的成功。稻盛作为名副其实的企业家兼哲学家，可谓天下无双。

至于2010年78岁高龄的稻盛领导日航重建，仅花一年时间就让日航起死回生，跃居世界航空业利润及利润率第一，且遥遥领先，更让全世界惊叹不已。

日航戏剧般的成功，除了稻盛经营哲学和阿米巴经营之外，稻盛先生认为更重要的原因是获得了"天助"。稻盛无私忘我，拼着一把老骨头投身于日航的重建，这种行为顺应了天理，感动了上天，获得了天助，那是一股强大无比的力量。

我认为，稻盛先生"把'作为人，何谓正确'作为判断一切事物的基准"，自己带头并要求员工"把作为人应该做的正确的事情以正确的方式贯彻到底"，这同王阳明"龙场大悟"所悟得的"致良知"完全是不谋而合。

500年前阳明先生的话，形容今天的稻盛先生最是贴切不过了。

"若鄙人所谓致知格物者，致吾心之良知于事事物物也。吾心之良知，即所谓天理也。致吾心良知之天理于事事物物，则事事物物皆得其理也。"

这一段话太妙了，这不但是稻盛经营京瓷、第二电电、日航的真实写照，而且也是稻盛解答形形色色的经营难题，使"事事物物皆得其理"的奥妙所在。

稻盛先生的经营经验丰富多彩，稻盛先生的经营哲学炉火纯青，通达天理，一通百通。凡是现在的经营者碰到过的问题，他几乎都碰到过，或者都注意过、思考过。所以当塾生们向稻盛请教时，稻盛都会从良知天理，或者说从企业经营的原理原则出发，从自己的切身经验出发，做出令人信服的答复："我当初也碰到过与你类似的问题，当时我是这么思考、这么解决的。希望你结合自身的情况，从中获取有益的启示。"稻盛的回答既有哲学的高度又很接地气，让塾生们很受用、很受益。

　　稻盛说，博览群书不如精读一书。我想，为了丰富知识，我们可以浏览群书，但作为经营者，我首先推荐精读稻盛先生的书，包括《活法》《干法》《阿米巴经营》，以及介绍实际经营案例的《稻盛和夫谈经营》。因为超越行业、能对各种经营问题做出如此精彩回答的人，全世界除稻盛之外别无他人。如果你在自己的经营或人生中有什么困惑的话，你也可以读一读这本书，相信你一定会获得有益的启迪。

　　　　　　稻盛和夫（北京）管理顾问有限公司董事长曹岫云
　　　　　　　　　　　　　　　　　　2015 年 9 月 6 日

前　言

　　在当今严峻的经营环境中，经营者面临许多经营课题，如何解决这些问题，大家常常感到烦恼。为了解答这些问题，减少一点大家的困惑，从1992年起，我就在盛和塾里开始了"经营问答"。塾生们毫不隐瞒、毫无顾虑地提出他们在经营中遭遇的难题；我倾注心血，解答他们的疑惑。这样的经营问答已经进行了170次。

　　在经营问答中，塾生们提出的问题具有普遍性，是许多经营者共有的烦恼。这样的经营问答，如果按照经营中碰到的实际情况进行分类刊登的话，那么，当经营者在判断问题遇到困惑时，或许能够给予他们解决问题的启示。我开始有了这样的想法。

　　这次准备出版的《稻盛和夫谈经营》，选择有代表性的经营问答，将其内容系统地编辑成册。我相信，作为经营者，如果熟读并体会与自己抱有相同疑难的同伴间的经营问答，就可以找出解决自身所抱问题的线索。

一直以来，我不断给大家阐述一个观点：为了指引企业不断发展，必须依据"作为人，何谓正确"这一普遍性的经营哲学，来开展企业经营活动。我所倡导的经营哲学，并不是只要在头脑里理解就行的东西，必须通过具体实践才能发挥出它真正的价值。

在经营问答中，针对塾生们提出的具体的经营问题，依据我的经营哲学和我的切身经验，针对应该如何去解决这些问题，我明确地阐述了自己的思路和见解。我期待，这个系列的书籍，能够为大家提供一个重新学习的良好机会，学习的主题就是："在企业经营的现场应该如何实践哲学"。

我衷心希望，企业的经营者和经营干部，当你们在自己前进的道路上感觉困惑的时候，这个系列的书籍能够成为"经营的指南针"，在诸位引导企业成长发展的过程中，能够助上一臂之力。

稻盛和夫
2013年1月

有关本书的编辑

　　塾生认真提问,塾长认真解答,这种经营问答精彩纷呈。本书的编写,忠实地传递了现场的这种认真劲儿。本书中出现的职务、组织、行业等,都同经营问答当时的名称一致,但是塾生所在的公司名称、个人的姓名等,因为属于个人信息,本书予以省略。

目 录

推荐序　致良知之天理于事事物物
前言
有关本书的编辑

经营问答一
长期计划的可行性　│001
- 长期计划的陷阱　│004
- 擒贼搓绳式经营　│007
- 像尺蠖虫一样一步一步前进　│009
- 慎重且仔细地制订计划才是真正的冒险家　│012
- 比起长期计划，更重要的是"持续"　│014

经营问答二
企业如何加强采购，改变低收益的现状　│015
- 回归到思考问题的原点　│023
- 一切都从"首先得想"开始　│025

- 采购方法无限多 | 028
- 赚钱在采购 | 032

经营问答三
应该如何定价，摆脱收益的恶化 | 036

- 定价并不取决于材料成本，而是取决于客户认可的价值 | 040
- 以客户愿意购买的最高价格销售 | 042
- "价值"是指客户认同的东西 | 044

经营问答四
如何摆脱贴牌加工这种不利的地位 | 045

- 把贴牌加工做彻底，从中透彻思考生存之道 | 049
- 把相同的产品卖到其他企业，以达到稳定经营的目的 | 055
- 经历严格的考验才有今天的京瓷 | 057
- 彻底削减成本，当好贴牌加工角色 | 060
- 在自己的技术、优势、特长的延长线上开拓新事业 | 061
- 再结晶宝石和第二电电 | 063

经营问答五
如何扩大市场份额 | 068

- 彻底把自己当作佣人、跑腿的人 | 079
- 以"坚忍"破除畏难意识 | 081
- 客户的需求，您就应该去做 | 084
- 对员工满怀感谢和关爱 | 085
- 进行"顾问式销售" | 087

- 追求扩大目前业务的市场份额 ｜089

经营问答六
排行第二的厂商的销售策略 ｜090

- 销售除了腿脚勤快别无他法 ｜093
- 经营的骨子里需要隐藏着斗争心 ｜094

经营问答七
导入阿米巴经营后，如何产生成果 ｜098

- 把有经营神经的人提拔进经营层 ｜104
- 向工匠讲述工作和人生的意义 ｜107

经营问答八
如何重振公司，使其不再持续亏损 ｜110

- 思考自己公司的优势 ｜121
- 不容乐观的社会结构变化及建筑行业的前景 ｜125
- 经营者要有预见性 ｜126
- 应该走还是留，伴随着这个决断的是意义和使命 ｜128

经营问答九
客户信誉不稳定，应该如何回收债务 ｜130

- 明确客户的支付条件的限度 ｜133
- 销售负有收款的责任 ｜135
- 向对方解释为何必须收款 ｜137
- "监控"对方的公司 ｜139

- 察觉破产迹象后应该采取的行动 | 140

经营问答十
为了企业生存，是否应该进入其他行业 | 143

- 以"付出不亚于任何人的努力"多方位、多元化地开展事业 | 153
- 彻底发挥特长，决不隔空飞子 | 156
- 只要具备领导力，就能从事其他工作 | 158
- 创办承包型风险企业 | 161

经营问答十一
进军海外及拓展新事业的方法 | 164

- 拥有独特的技术是在国外生产的第一道关口 | 165
- 是否有能力出色的优秀人才派驻国外 | 166
- 让精通语言的人辅佐 | 167
- 使京瓷走向全球的"愚人战术" | 168
- 没有受尊重的领导者，就没有主动的员工 | 171
- 新事业要靠一技之长决一高下 | 175
- 仅带着哲学来到第二电电 | 177

经营问答十二
接受并购整合邀请的判断基准是什么 | 181

- 为了在激流中脱颖而出，合并是正确的选择 | 191
- 正确估算双方公司的价值 | 192
- 确认延续在盛和塾所学的员工教育 | 193
- 明确拿到出任二把手的承诺 | 194

- 通过您的说明，填补薪资水平的差距 | 194

经营问答十三
合并后的组织运营等问题 | 196

- 在"对等精神"中苦苦挣扎的日式合并 | 200
- 问题在于没有达成共识 | 203
- 双方领导人要面对面把话讲清楚 | 204
- 明确好合并后的形态再合并 | 207

经营问答十四
为了设备投资筹集资金，是否考虑上市 | 209

- 在自己公司内研究如何改良机器 | 214
- 只要努力钻研，足以战胜拥有先进技术的其他公司 | 217
- 自己培养技术人员，日日钻研创新，提升机器设备的性能 | 219
- 高收益是一切的基础 | 222
- 发掘工厂内隐藏的利润 | 225
- 牢牢盯住渠道费用、销售费用 | 226

经营问答一

长期计划的可行性

⊙ 问题

有关 10 年长期经营计划的内容是否妥当。

□ 塾生问

我的问题是：本公司制订的长期经营计划是否妥当。

1982 年，我从以前工作过的电器店辞职独立，开了一家录像带租赁店，开始了我的事业。我所选择的行业正逢其时，在第二年即 1983 年又开了第二家店。当时我对经营的常识 ABC 都一窍不通，但却在两年后又成功地开设了第三家店。

但从那时起，我就尝到了经营中的苦头。在店铺扩张的过程中，招不到可靠的运营店铺的人才，人员发生了问题。只是几家小店，而我自己又缺乏作为社长应有的那种志向，或者说，缺乏作为经营者的自觉性。当然招聘不到优秀的人才。受我委托管店的店长，有的在店内公然打气枪玩乐；甚至有不讲规矩的员工在店后的小屋里烧烤秋刀鱼。

是得天时的原因吧，四年前开张的游戏厅生意很好，去年（1998年）9月期，年销售额达 107 800 万日元，很幸运，利润有 13 600 万日元，利润率达 12.6%。在销售额中 70% 是游戏收入，30% 是录像带租赁。去年 12 月又开了第五家店，开店大吉，形势喜人。按这个趋势推算，这一年的销售额可达 14 亿日元。

我们公司在 1995 年制订了至 2006 年的经营计划，内容如下：

（1）到 2006 年共开设店铺 30 家。

（2）到 2006 年年销售额达 100 亿日元，利润达 10 亿日元。

（3）到 2006 年股票在证券公司上市。

通过最近的模拟推演，我们知道，到 2006 年要实现上述经营计划相当困难。有关实现计划的根据，其详细说明省略，在这里只简要说明计划的内容。根据 1997 年内阁总务厅发布的娱乐业白皮书，我们从事的游戏厅行业的市场，全日本的市场销售额是 5 130 亿日元，同去年相比下降了 10.9%。人均年消费额，15 岁以上的人约 1 万日元。日本的总人口是 12 617 万人，我们公司所在区域的关东四县的人口是 3 258 万人，占总人口的 25.8%。

具体来说，东京都1 177万人，千叶县580万人，琦玉县676万人，神奈川县825万人。因此，本公司所在的关东圈约有1 325亿日元的市场销售额，在这里我们的目标是达到其中的7.5%，就是要努力争取100亿日元的市场份额。根据以上情况，我们在经营计划第二项中提出了年销售额100亿日元的计划。

同时，为了达到年销售额100亿日元的目标，平均每个店的销售额要达到3亿日元。这样算起来，开设30家店是绝对条件。还有，塾长一贯强调"在低收益体制的情况下，展开多店铺经营是危险的。"所以我考虑销售利润率要努力确保10%。

关于计划中的第三项股票在证券公司上市。包括我自己在内，我们公司的所有员工，在至今为止的人生中，还没有真正意义上的成功体验。我经常对员工诉说："要对公司抱有自豪感。"因为我认为，员工对自己的公司抱有自豪感是发展公司最好的方法。

那么，值得员工自豪的公司应该是什么样的公司呢？我认为，至少有以下几项。能得到较高的收入作为构筑幸福家庭的基础；在工作中能够发挥出自己的能力；能够感受到工作的价值和乐趣；通过工作能够成长、能够自我实现。而如果公司股票能上市，上述的各条不是都可以满足了吗？另外，通过上市，我和员工都能品尝到成功的体验因而更加具备自信。因此把上市也作为一个目标列入计划。对于这样的长期计划，请提出意见，予以指导。

◆ 塾长答

要认识到长期计划的危险性。

长期计划的陷阱

你提出了一个很难回答的问题，应该怎么来说明才好，我也很伤脑筋。

2006年形成30家店铺的规模，年销售额目标为100亿日元，而且，同一年即2006年股票要上市，当时的利润率要保持10%。这些是你的计划。

因为我并不详细了解这个行业的情况，所以对你这个经营计划好还是不好，我无法随随便便直接评论。我想阐述我的有关经验，如果你能够从中获得启发，类推你的情况，那就有意义了。

你从创立公司到现在，花了17年时间。当初脱离工薪族，开办录像带租赁店，虽然对经营一无所知，但趁着时代的潮流，事业开展很顺利，一家店、两家店、三家店，接二连三顺利开店。你说了这些情况。

在这17年间，你顺水顺风，不仅做录像带租赁，而且开始经营娱乐中心、游戏厅。现在销售额刚好超过10亿日元。

而且你认为明年能达到14亿日元。辛辛苦苦努力了17年，正好做到10亿日元。从现在开始的7年中，想把现在的10亿日元扩大10倍，要做到100亿日元。就是说，过去的17年中，从零开始做到了10亿日元，而从现在开始的七年中要做到10倍的100亿日元，你制订了一个雄心勃勃的计划。

现在，京瓷公司也正好迎来了40周年。合并决算公司的销售额超过了7 000亿日元。京瓷公司10年以前，就是从创立开始后的30年中，一直没有制订过长期经营计划。虽然大多数企业都建立了长期经营计划，但是，我对长期经营计划一直持保留态度，所以没有制订过这种计划。

从年轻时开始，虽然没有想得很清楚，但是，我总觉得长期计划很难靠谱，即使左思右想，花费心血制订了长期计划，大家在实际工作中其实都明白，不要说长期，哪怕是一个月后的事情，也往往与预想的不同，这就是人生。何况预测一年以后的情况，更是难如人意。这样的话，以10年那么长的时期为一个区间，制订计划，按计划实行，但现实总与计划脱离，于是只好在中途多次修改计划。所谓长期计划都无法实现，只能做修正、调整。

做修正、调整当然可以，但因为总是事与愿违，每当修改调整时，容易产生挫折感、焦躁感，使心情消极暗淡。这样的事情频繁发生，就会让我产生莫名其妙的畏惧感。

为了实现100亿日元的销售额，你制订了计划："录像带租赁和游戏厅要开30家。"30家店铺要达到100亿日元销售，一个店的平均销售额要达到3.3亿日元。为了开设30家店铺，那么，明年开几家，后年开几家，都得包含在你的计划之中。

开一家店至少要达到3.3亿日元销售额，这个计划在至今为止的开店过程中，我想你是实现了。这里面有管理得体，有店铺位置良好，有与同行业关系处理得不错等因素，因而一个店铺做出了3.3亿日元的业绩。因此，你必须考虑到，现在的成功有种种偶然因素在内，比如店铺的地理位置好等。

比如，今年你要开到10家店，明年20家店，后年再开几家店，以图达到更大的销售额。那么，店铺可以按照计划开设，只要说服银行，就可以贷到款项。同时也可以通过助手，找到适当的地区，也可以借店开业。所以按照自己制订的经营计划，只要你真想开30家店，就能够开出30家店。

然而，要保证平均每家店要达到3.3亿日元的销售额，却不那么简单，可以说没有任何保证。过去管理不错，选址很好，由于这些偶然性因素，做到了每家店3.3亿日元的销售额。但这并不等于接着要开的10家店都能达到同样的业绩，未必能如愿以偿。

增加10家店，与此成正比，人工费用、固定费用，所有的经费都会水涨船高。然而，销售额跟不上，一家店3.3亿日元达不到，弄得不好，只有支出的经费按计划增长，销售计划却落空了。这就是所谓长期计划的陷阱。

虽然有点模糊,但我年轻时就已经意识到了这一点,所以我认为不能这么干。就是说,把董事、管理人员集中起来,"你去干这个,他去干那个",指示他们分头去干。这时能按计划落实的只有费用这个部分,使用经费这一点可以按计划推进,取得土地,租借楼房,或者租借店铺,花几千万日元进行装饰,采购游戏机器,购入录像资料等,这些花出去的钱完全可以按计划完成,然而,预计的每家店铺3.3亿日元的销售额却无法达到,由此转而跌入赤字的困境。

制订长期计划,因为收入很不稳定,很难像预测那样顺利,只有支出这个部分可以按计划实现,所以我不制订长期计划。

擒贼搓绳式经营

我干的是制造业。因为是制造业,如果考虑这个产品准备生产这么多量,需要员工,所以在一两年前就招来员工,培训他们,教他们技术,同时建起工厂,建工厂的同时要购入设备,等设备全部安装就绪,要等待订单,但是订单却未必能如期来到。因为订单这个东西要看客户的需求、客户的方便。有足够订单,工厂满负荷生产,预计可做出两成利润,然而,订单却只有六七成,结果产生两三成的赤字,不是两成利润,而是出现亏损。

随着京瓷变为大企业,新闻记者来采访时都会问我:"公司的未来将会怎样?"作为东京证券交易所一部的上市企业,没有长期计划十分罕见,而且常常被认为不正常,所以记者会问这问那。尽管如此,归根到底我还是不制订长期计划。对公司内部的干部,我反而强调"擒贼搓绳式工作法"。

所谓擒贼搓绳,老塾生都知道,就是在抓到小偷以后再搓绳。捆绑小偷用的绳子事先不准备,在捉到小偷之后,一只脚踩住小偷,用手和另一只脚来搓绳,再用搓好的绳捆绑小偷,这就叫擒贼搓绳。没有长期计划,这种缺乏计划性的、临时决定的做法叫作"擒贼搓绳"。就是说,最差劲的、最不讲究的经营被称为"擒贼搓绳式经营"。而我却反其道而行之,我一贯主张:"就要搞擒贼搓绳,就是拿到订单以后再投入设备。"

我说擒贼搓绳,员工、干部、客户都会笑我。订单来了再投入设备能来得及吗?他们认为这种不讲逻辑的企业,客户不敢下订单。但事实上,我就是这么干过来的,拿到确凿的订单再增添设备,进行生产。

那么,实际上是怎么做的呢?假如8小时的劳动时间可以完成100%工作量的订单,这时来的订单增加了五成,增加到150%,8小时的劳动时间必须延长一半,就是本来每天干8小时,现在必须干12小时,设备24小时运转没有问题,只是人的问题,人每天加班4小时就能多完成50%的生产量。

这时候我就会对员工说:"对不起大家,又来了订单,增加大家的辛苦了,这段时间内请你们加班,努力完成任务!"这样,完成订单取得了客户的信任,客户往后又持续给予150%的订单,有了这个把握,于是就投资,买土地,建工厂,购进设备,招聘员工。这么一来,大家又恢复到8小时工作。经常采用这种办法,让员工加班加油的同时,看准时机投资设备,这就是"擒贼搓绳",也就是在获得订单再采取应对的方法。

像尺蠖虫一样一步一步前进

现在听你讲话,觉得你很有进取精神,志向很大,这是非常好的。过去17年间从零开始做到了现在的10亿日元。开始时只是助跑,慢慢提速,然后快速上升。所有成功人士都是这么干的。所以在今后7年中你要想做到100亿日元,我认为不是什么异想天开,瞎说大话。

在这里,我并不想给你泼冷水,干扰你的目标,然而,是不是有点过急,当决定要那么干的时候,往往花出的费用跑在前面,而订单没有充分把握的话,就存在非常大的风险。

为此,我不制订长期计划,用我经常说的话来表达,就是"今天一天拼命努力,就一定能看见明天,就能对明天充满信心。这一周拼命努力,做出利润,让员工都能感到幸福,都能愉快工作的话,下一周也一定能做好。"这一周很顺利,下一周突然不顺利,这不太可能。所以如果这一周顺利,下一周也一定会顺利;这一月拼命努力,进展顺利的话,下个月也会顺利;今年一年勤奋努力,做出了良好业绩,从今年的经验中就可以看到明年,明年也谨慎经营,明年也会顺利;这样,至少能够看到明年,于是制订一个年度的计划,并付诸实行。

即使是一年的计划,往往也会同实际脱节,一边做月度修正,一边拼命努力,力争完成年度计划。即使没有完全达成,如果经营的结果仍有充分的利润,就会考虑:"今年本打算做出那么多利润,结果没达成,只做了这么多。明年经济更坏,明年的计划就定这个数字吧!"一边修正,一边制订明年的计划。像这样,只要这一年中拼命努力,哪怕头脑不聪明的人也一定能制订出明年的计划。就这样,像尺蠖虫一样一步一步前进。

如我刚才所说,销售额难以达成,只有经费倒是按计划支出了,这就是长期经营计划的短处。而我采用的尺蠖虫方式,就是只制订一年的计划。当初我还不太明白这种方式的好处,只觉得这种方式很朴实,甚至幼稚笨拙,不值得称道,在人们面前提起,还感到挺难为情的。不过,我想,按我的能力也只能做到这一步,所以就这么一路走来。

但是,最近,我意识到这其实是一种非常好的方式。前几天在某个会议上我谈到,不管事业也好,人生也好,长时间持续做同一件事情,是最重要的。为了成就伟大的事业,延绵不断坚持做同一件事情，看起来好似傻瓜，其实这才是最为重要的。到了现在这个年龄，我才认识到了这一点。

京瓷公司到今年（1999年）4月1日正好迎来创业40周年。这40年来，正因为绵绵不断、反反复复做同一件事，才成为合并结算销售额7 000多亿日元的京瓷集团。另外，第二电电创立只有17年，销售额已达12 000亿日元。两者相加，销售额约有20 000亿日元。

京瓷在40年间孜孜不倦地做同一件事，结果销售额达到7 000多亿日元。在40年这么漫长的时间内，不厌不倦、持续不断的秘诀，其实就是这个"尺蠖虫经营法"。

再回到你的问题上。你制订了今后7年间要达到100亿日元的计划，正要大踏步前进。但这么做，我觉得结果很难如你所愿。实际上，如能做到50亿日元，就是一个不错的业绩，但你既然定了个100亿日元的目标，即使做到了50亿日元，仍会有挫折感。不！在今后的7年中，从现在的10亿日元翻3倍，做到30亿日元，我认为就是一个很大的成功了。虽然我是这么想，但因为你定了个100亿日元的计划，只完成30亿日元的话，更会有挫折感。何况，如果跌入赤字，更连自信都会丧失。挫折感、失望感等，你会增加种种不必要的烦恼。

而我的经验，就是只制订明年一年的短期目标，有时候年终只完成了八成，有时候甚至只完成了七成。"这是没办法的事，大家都处在萧条中，尽管如此，我们的员工还是尽了最大努力，完成七成虽有遗憾，总算还不差。因为今年只做到了七成，明年还是要确立一个高目标，努力奋斗。"然后努力奋斗，但结果又只完成八成，即便如此，来年还要树立高目标，再次挑战。如果年终达到了100%，就会异常高兴："啊！总算做好了！"

就是说，先把眼前的任务一步一步完成。"虽然只完成了八成，但仍然做出了不少的利润，员工也感到幸福。啊！还不错！"心里可以这么想。

就是这样，每一年每一年都觉得"不错！不错！"涌出喜悦和感谢之心，40年就这么一路走过来。

如果采取相反的态度，"糟糕！当初不那么做、这么做就好了！""那个事不该做，真倒霉！"说些消极不满的话，发牢骚，对员工发脾气。这样就坚持不了40年。这期间就会腻烦，"只有这些没出息的员工，不想干下去了！""这样的生意没意思，放弃算了！"就会萌生急躁或消极的情绪。

慎重且仔细地制订计划才是真正的冒险家

如果眼前是一座小山，就会去征服它。今天早上NHK电视台播放了介绍冒险家大场满郎先生的节目。出生于山形县的大场先生靠步行走遍了南极。他曾经一个人利用雪橇搬行李，步行踏过北极，这次又花费90多天，纵横3 000多千米，步行走遍了南极。

对这位大场先生,我原来并不了解。他持有铱卫星系统的终端。这次他去南极,因为只身横穿南极,不知道途中会遭遇什么。他要求说:"既然你们开发了这个划时代的电话,我希望让我使用。"然后从我们开发铱卫星系统的工程师处借了这个终端。他在暴风雪中,拉着雪橇,一步一步,走遍了南极。当时在南极上空,铱卫星不间断地运转,所以他用了我们的终端。因为非常方便,可以用身处东京城内一样的清晰度,同自己的家人和支援者通话联系。他还很兴奋地给我打来了电话。还在到达南极之前,就来电话说:"我叫大场,现在正在南极的风雪中打电话。有幸借到贵公司的终端,而且让我随便使用,真是帮了我的大忙。等我回来后,一定上门拜访致谢。"

就是这位大场先生,在今天的电视采访中这么说:"徒步穿越北极、南极。你们或许认为我是一位勇敢无畏的冒险家,简直是胆大无比。其实不是这样的。真正能去冒险的人,都是非常胆小的人,都是细致得谨小慎微的人。"

"大胆无畏的人很快就会丧命,冒险那样的事,他们根本干不了。所谓冒险家,比起一般人来,要胆小得多,他们用心很深,心细如发。"大场先生就是这么说的。关于经营计划也一样,我认为,想要成就伟大的事业,并不需要大胆无畏,不需要制订那么宏伟的计划。

比起长期计划，更重要的是"持续"

我认为"持续"最重要。现在你的公司已经历了17个年头。同我一样，经过40年，做成一个几百亿日元的企业就好了。短短的7年间要达成100亿日元，比起实行这样的计划，"持续"才是最重要的。为了"持续"，必须征服一个接一个的山脉，在感受到征服的喜悦中，继续攀登。如果一开始就想登上最高的山峰，当登上眼前的山顶时，那个山峰还离得很远很远，遥不可及。这时你会怎么想呢？有过登山经验的人都知道，越过两个山岭后就会厌倦，"还那么遥远，算了，不爬了，我要回家了"。但是，只把眼前看到的山当作山来攀登，就能持续。只要反复攀登，无论怎样的崇山峻岭都可以登上。但是，如果一开始就瞄准巨大的高山，当越过几个小小的山岭以后就会腻烦，就不愿意继续登攀了。

我并不是要在人生这个漫长的里程中否定长期计划。"用这样的形式，7年中我要做成一个100亿日元的公司。"这么想是可以的，这并不错。但是，针对这个设想，从头到尾、全方位地建立具体的计划，那就会成为问题。因为费用会照计划支付出去。所以，我认为，在这个想法之下，每年制订计划是很重要的。

经营问答二

企业如何加强采购，改变低收益的现状

⊙ **问题**

在这种低收益的情况下我们公司是不是应该继续扩大事业；要改变低收益的现状该怎么办才好；在利润率很低的状况下，采用授权连锁经营的方式扩大事业，应该怎么思考；请教提高利润率的方法。

□ **塾生问**

提问背景

在过去的塾长例会上，虽然时间不长，我曾经请教过塾长，向塾长介绍了我们经营的百元（各种商品单价均为100日元）商店的情况。塾长告诫我说："只有2%的利润那就太危险了。"

我们这种行业的诉求是低价格，而不追求高附加价值。正因为如此,塾长的告诫给了我一种强烈的刺激。在四五年前,酒类廉价商店一时非常兴旺,但现在都陷入了绝境,其中连大企业都在苦苦挣扎。因此,对于塾长所说"低收益太危险"的这种警告,我有深刻的感受。

为此,我的提问就围绕下述问题:在这种低收益的情况下我们公司是不是应该继续扩大事业?要改变低收益的现状该怎么办才好?

我们公司创立于1869年(明治二年),当时只是一家砂糖店。1948年才成为食品商店并且法人化。1992年我辞去原来的工作回到老家,将公司更改为现在这个名称。本公司经营拉面、罐头、调味品等,属于食品批发商。从1992年12月开始,公司设立一个部门,经营便利店,商品价格一律定为100日元。

本公司整体的年销售额在1997年9月这一期,也就是便利店开张五年时,总共92 900万日元。百元便利店采用授权连锁经营的方式展开,因为价格设定都只有100日元,所以整个总部的利润率处于难以提升的状态。

在这里,我说明一下创办百元便利店的经过。在六年前我大学毕业后在一家食品商社工作,担任对超市的营销,干了五年。1992年我的老家所在的商店街公布了一项再开发计划。父亲动员我说:"为了鼓励商店街的再开发,通产省提供了优惠政策,贷款无须支付利息,还贷可从五年后开始,15年还清。我们可以在这么有利的融资条件下参与再开发事业。这件事想交给你来办。"这样,我就决定回来继承家业,于是从商社退职进入了本公司。

在与商店街开发负责人讨论的过程中,因为我做过针对食品超市的营销工作,他就向我提出要求:"能不能在商店街开一家超市或便利店,成为商店街的核心,以招揽客人。"但是我们这条商店街因为有拱顶,汽车进不来。另外,到晚7:00,各店铺的卷帘门都会拉下,再没有行人,成了幽灵街。因为旁边没有停车场,车子来去不方便,所以不宜开便利店或超市。那么,有什么独特的吸引客人的方法呢?我认真地思考。

以前我去美国旅行时,见过一美元商店。一瓶葡萄酒一美元;罐装饮料六罐一美元。价格之低在日本难以想象。但在美国却相当普遍。在日本,超市门口有时也搞廉价甩卖,商品价格一律为100日元。在甩卖时,客人大多不进到超市里面,但超市门口却热闹异常。因此我想到,如果开便利店,那就开所有商品都为100日元的廉价店,这样不仅自家的便利店能吸引客人,而且郊外现有的普通的便利店也可以利用起来。因此,我考虑要办百元商店。

另外,我们公司做食品批发,客户中有不少小的食品店和小超市,由于近年来郊外大型购物中心的兴起,这些小商店经营都陷入了困境。如果这些商店都改变商业模式,都改成百元商店,就可以避免与购物中心竞争,就能生存下去,因此我考虑创办百元连锁店。

老家的商店街比想象的更加乏力，商业模式的转换也没有很快见效，但是因为报纸、电视台经常报道我们商店，现在从九州到关东，我们的连锁店已经扩大到 50 家。

业绩的发展变化

下面说明一下业绩的变迁。

销售额随着店铺扩大顺利提升，在利润方面，销售利润率一直很低，但去年终于盈利。去年之前，因为百元便利店与总部批发部门在管理会计上没有分开，所以分部门的收支情况不明确。

如果只看百元连锁店的销售额，那么，同上一年相比，1994 年是 163%，1995 年是 166%，1996 年是 132%，1997 年是 143%，到今年（1998 年）6 月是 154%，到今年决算月的 9 月可以达到 200%。

百元连锁店的收入结构是这样的，我们给加盟店的批发价平均是百元卖价的 75%。这 75% 中包含了进货成本、总部经费、人工费、运输费等。就是说加盟店可得 25%。具体数字没有掌握，但加盟店因为转变了经营方式，比较过去有所好转，已能确保利润。总部利润率现阶段为 2%，总算盈利了。

另外，向各加盟店收取的专营费，一般来说是收取加盟店利润或销售额的百分之几，但我们不这样做，鉴于设立这一部门的初衷，我们只向加盟店收取每个月 5 万日元的固定费用。

这5万日元中，包括了使用我们公司百元商店牌子的商标使用费。另外，各个店铺要销售各种各样的百元商品，必须从几十家企业进货，这些要采购的商品用传真发到我们总部，由我们总部汇总后一起向企业订货，一起进货。这个订货采购的服务费，也包括在这5万日元中。还有，因为所有商品都由总部负责送到各店，所以各店的销售额总部都知道，加上各店的店铺租金、人工费总部也都知道，所以月底结算时，各店的损益表，总部也可代为做出，这项服务也包括在这5万日元之内。

每个月固定收取5万日元的专营费，就是说，不会因为各店销售额的提升，专营费也水涨船高。各加盟店只要努力提升自己的销售额，他们的利润就能提高，这样，他们经营的积极性就会提高。

但是，总部的利润率仍然很低。在这种低利润的情况下继续扩大规模行吗？还是要从根本上改变思路呢？我很困惑。

自己思考怎么办

我自己也分析了本公司利润率低的原因，思考了提升利润的方法。

利润率低的原因，首先，为了与超市和购物中心竞争，一开始就是把低价格作为竞争手段。低价格要获高利润当然不可能；以普通超市的普通价格做生意没有吸引力，为此，即使困难也要设定百元这个低价格；同时，设定了百元的卖价，如果总部获利过多，加盟店就难以经营。另外，因为在九州及四国等地都有店，把商品运往全日本各地的物流成本也会增加，这也是影响利润率的因素。

针对以上原因，要提升利润率，可以想到的最简单的方法就是提高给加盟店的进货价格，也就是提高专营费。但是，我创办这项事业，目的就是帮助衰退的零售店和商店街，提高专营费就违背了这一初衷。接着，我考虑降低总部的采购成本。具体要做下述三方面的努力：

第一，"大量采购"。用十吨卡车进货，罐头、饮料等就可以下降1～2日元。不是降商品单价，而是比起小量运输，大量运输可节约运输费，这部分可请厂家降价。

第二，"货款加快支付，借此要求降价"。支付一方加快支付，由此请供方降价。我们同几家供应商进行了交涉。但供应商却说现在资金利息很低，我们的销售额在增加，支付不必加快，降价不可能。

第三，"非常规商品低价采购"。这项工作一直在努力做。

其他。销售额快速增长，但相应的销售管理费用的增长比例严加控制，借以多出一些利润。为了降低销售管理费用和物流成本，首先要选三家以上的运输公司，使用向日本全国各地运货最廉价的运输公司。另外，将商品分类时，按分类编码、商品编码将商品摆放，让钟点工对照商品编码就能出货。即使不用内行，就用钟点工也能出货，这样来削减出货时的人工费用。

还有一个办法，为了提高利润率，不增加加盟店，而增加直营店。不是用批发价，而是用百元直接卖，这样就能取得更多的利润。但是，今后专干直营店，开店速度就会变慢。同时，当初搞连锁的出发点是帮助小卖店和加盟店，重视直营店就违背了这个宗旨。所以只开直营店也不好办。

我自己认为，因以下几项理由，本公司的百元连锁店必须生存发展下去。

第一，激活小商店。比如商店街里的帽子店，过去曾经兴旺过，但现在都成了夕阳行业。如果这类行业都变成百元店，那么这类小商店都可能复活。

第二，百元商店的存在可以搞活商店街。即使地方上几乎已经没有人流的商店街上，一旦我们开店，到我们店来的客人每天都有500多人。有这么多人来到商店街，说明我们的店可能带动商店街兴旺。

第三，可以帮助生产厂家处理库存。生产厂家有供应便利店或超市的常规商品，这类产品都有库存。一家便利店下设六七千家连锁店。如果某天这一常规商品被撤除，因为平时生产厂家为了及时供货往往大量生产，这时候多余的商品就会剩下来变成厂家的库存。这时候我们就可以帮厂家在我们的百元商店以100日元的价格销售。

第四，像现在这样，销售额不断扩展，门店不断增加，员工也会随之增加。换句话说，可以促进就业。

第五，在当地开设了百元商店，商品品种丰富，所有商品都只卖100日元，就能让附近的消费者满意。

因此，我认为，我们的事业不仅是为了追求本公司的利益，而且可以帮助零售店，促进它们的重生。同时，还能帮助生产厂家调节库存。另外，还给消费者带来了利益。所以我们的生意是利他的，是具备大义名分的，我们为此感到自豪。我自己确信，我们这个事业给行业的上游和下游都带来利益。所以在晨会上，我总是强调："我们公司将来的规划，连锁店要大大超过2 000家、3 000家。考虑到将来长期的发展，我们现在就要将工作不断合理化。"

在这个过程中，为了我们公司的生存发展，归根到底，要把眼光放在压缩库存的生产厂家身上，通过大量采购达到降低进货价格的目的，也就是彻底贯彻正确的采购方针。其次就是前面讲到的压缩总部经费，只有这个办法了。

对于我们努力所做的种种事情，对于我们的经营方式和内容，请予以指导。

◆ **塾长答**

在薄利条件下扩展授权经营十分危险。要在采购上下大功夫。

回归到思考问题的原点

你父亲为了重振商店街,想利用无息贷款做点事情,动员你回来。我认为这个出发点非常好。你在提问的同时,自己做出了答案。我认为你的答案已经相当全面。做百元商店这个想法非常好。

开头时你谈到:"去美国的一美元商店,看到罐装饮料六罐一美元,难以置信的低价格让你大吃一惊。这就是你思考的出发点。"我也认为,这就是思考问题的出发点,或叫作原点。

现在,你们公司的销售额约10亿日元,采用授权经营的制度,利润率只有2%。我提醒过:"利润率太低,前景不妙。"你自己也感觉到,在薄利条件下,在附加值很低的条件下扩展事业风险不小。并为此烦恼不已。

在你刚才的叙述中,成本结构是这样的:卖价是100日元,你给加盟店的价格是75%,加盟零售店有25%的赚头。总部所得75%当中,采购成本占63%,毛利是12%。就是说,以63%的价格进货,加上12%的毛利,以75%的价格批发给各零售店。另外,12%的毛利中,各类经费要占去约10%,结果只能剩下2%左右的利润。

以63%的价格买进,以75%的价格卖出,这12%的毛利中还要包括运输费等各种费用。我认为这个毛利太低是一大问题。初衷就是决定要做百元廉价店,因为价格低才有可能搞活商店街。如果同现存的便利店价格相同的话，就没有客人愿意光临，所以必须具备有吸引力的商品。为此，即使困难也决定坚持所有商品都只卖100日元，这样就只能压缩总公司的毛利。虽然也想过减少给加盟店的25%的毛利，但这样做，加盟店就难以为继。从加盟店只收取每月五万日元的专营费，让加盟店以25%的毛利维持经营。如果要削减加盟店的毛利，加盟店就无法维持。但现在这样，总公司的毛利就非常之低。事情就是这样。

我认为，给加盟店这种优待是对的。你必须回归原点。当初你开展这项事业的理由是搞活商店街。因为街上的小商店纷纷关门歇业，商店街凋敝萧条，呈现空洞化，你想复兴商店街，这是你的原点之一。这个想法不错。同时，你想到了美国的一美元商店，你看到用那么低的价格居然能买到那么好的商品，你大吃一惊，这就是你搞事业的另一个原点。我认为你应该珍惜这两个原点。

去到你的店里，"啊！这么好的商品只要100日元就能买到！"这种令客人惊叹的商品究竟有多少呢？我认为不多。因为你后来讲到，你们要具备调节生产厂家库存的功能。"生产厂家被超市或便利店撤除的常规商品成了厂家的库存，我们具备调节这种库存的功能。从有利于厂家到有利于零售店，我们的生意是利他的。"你这么强调。我认为这个思路不对。搞活商店街，搞活零售店；看到美国的一美元商店，让人惊异的低价就能买到这么好的产品。回归这两个原点，在日本也能用 100 日元的低价买到让人惊喜的好商品，你必须开出这样的商店。

一切都从"首先得想"开始

现在的成本结构是：以 63% 购入以 75% 卖出，加盟店再加上 25%，以 100 日元销售。我认为必须努力降低这个 63% 的采购价格。好东西只用 100 日元销售，进货成本 63% 应该不算高。这种凭借常识的思考是不行的。

我刚才在回答别的问题时提到，"购买设备要采用擒贼搓绳的方式"，大家都当笑话听。但是，这却是真实的情况。大家认为这根本就是无稽之谈，所以付诸一笑。但是这些把事实当笑话的人都无法成功。

为了说明这个道理，我引用过松下幸之助有关"水库经营"的故事。景气好的时候赚了大把的钱，任意挥霍；一旦景气转坏，就唉声叹气，企业走向衰落。这样的经营可不行。松下在讲演时说道："景气良好时赚的钱要像水库储水一样储存起来。始终保持一定的水量以利灌溉。必须在萧条时也把企业经营好，这就是水库经营。"就是说："结论是要造水库，经营企业要有余裕，要留有余地。好的时候好，坏的时候坏，忽上忽下、忽起忽落，这样来经营企业可不行啊！"松下先生这么讲，大家都很佩服，但有人却提出以下的问题：

"其实大家都想经营有余裕。正因为做不到经营有余裕，才来倾听您的指导。但您却只是强调'经营必须有余裕'。就是说，你说的是必须搞水库式经营，但怎么做才能建起水库，才能让经营有余裕，你却不教我们，我们怎么可能做到经营有余裕呢？"

针对经营必须有余裕这个问题，松下答道："首先，你得这么去想啊！"对于这个回答，大家认为答非所问，所以哄堂大笑。

"哈哈！松下说到了点子上！"当时我就是这么想的。"必须这么去想啊！不想怎么行！"首先要想："必须要做出余裕，必须要造水库，必须这么去经营企业！"虽然现在做不到，现在没有余裕，但是必须要做出余裕，必须这样去经营企业。只有这么想的人才能实现有余裕的经营。那些认为松下的话可笑的人，他们肯定做不到。因为大家都嘲笑松下，所以像松下幸之助先生那样的经营谁也实现不了。"果然如此。不想可不行！所以我现在就要这么去想。"这样的人就能成功。

与此相同。100日元的价格，定价时虽然显得勉强。但刚才我说到你们店里"让人吃惊的价廉物美的商品大概没有"时，你的表情好像不以为然。我想，你们店里摆放着比其他商店便宜的常规商品，但获取这些常规商品的成本提得相当高，使采购成本达到了63%。

所以，你要再次体会在美国的感觉，同在美国一样，"这真的只要100日元吗？"要让人喜出望外，要摆出其他任何商店都没有的物美价廉的东西。如果是青花鱼罐头，也许有地方三个100日元，那么我就五个100日元。"真的只要100日元就能买到吗？"必须让大家感到意外，否则就没有魅力。要经营这样的商品，而且进货价要控制在50%，而不是63%。50%实在不行的话，就55%。现在采购价定在63%本来就不是固定不变的。

百元商店这是一个非常好的创意。你说百元商店的加盟连锁店要超过2 000家、3 000家，这非常好，务必努力去实现。但是，继续眼前薄利的经营状态是不行的。在不降低商品品质的前提下，要尽一切努力，把采购价从63%压缩到50%。

但是运用普通一般的采购方法是行不通的。你刚才讲到"用10吨卡车大量购买，所以请便宜卖给我"。这说起来简单，真要那么做，不但承担不了为生产厂家调节库存的功能，而且自己的库存也会堆积如此，卖不完，造成浪费。一次性购买10吨，每一个便宜1日元、2日元，这样的买卖谁都会干。这种水平的采购不行。如果想把百元商店扩大到2 000家、3 000家，成为一个优秀的企业，那么就必须去做谁也做不了的事情。

具体的采购方法，我也不知道。但必须要想出别人无法做到的办法。比如，刚过世的某大型电器商店的社长就是一个很有趣的人物。据说，这位社长总是拿着现金去直接采购。而当这位社长一死，那个公司立刻就破产了。所以这家公司的经营诀窍就在采购上，而这个诀窍只有这位社长一个人能掌握。我的用词可能不当，我想他的办法就是用现金杀价。

当然这种做法难以长期持续。但是，就凭采购方法的不同，企业依然能维持。只是按常识办，一次性多买就能便宜，光这种程度不行。我想采购方法很多很多，有时直接上制造厂家去买或许也行得通。

就生产厂家来说，有人认真来买，就会报一个认真的价格。但如果你说"能半价做出来吗？"他们会说"根本不可能，你胡说什么！"但到情况紧迫的时候，厂家会主动提出"半价也行，你能来买吗？"就是说，厂家半价也能做出来。这样的事情层出不穷。

现在具体该怎么做，我也说不清。但我经常强调"钻研创新没有止境"。钻研创新本来没有止境，但一知半解就自以为是，这样的人就难以成功。

采购方法无限多

说来是很久以前的事了。在京都我也讲过上述类似的观点。当时参会的某公司人给我讲了这么一个故事。那是一家制造测试仪器的公司。有一种用彩谱分离的方法分析液体和气体成分的装置，当时这种机械装置极其昂贵，一台要一两千万日元。制造这种测试仪器的技术人员说"我们这里是做精密机械的，所以零部件的价格都很高"。比如输送气体需要气泵，气泵电动机的转速必须稳定，送出的气体的量才能均衡。所以这种气泵要专门定做，一台要花 10 万日元。所有的东西都要定做，才能保证买到高精度的部品，所以价格下不来。这位技术员认为这是没办法的事。

但是，这种僵化的头脑，是想不出削减成本的方法的。超越常识，千方百计，用心思考，就会想出办法。此话以后过了一两年，一个夏天，这位技术员带了小孩去逛夜市，捞金鱼。他看见后面有卖观赏用的金鱼和热带鱼，以及释放空气的气泵和养鱼用的藻类。当小孩在玩捞金鱼的游戏时，技术员一面观看在水槽中游动的金鱼，一边跟金鱼店的老板半开玩笑地聊了起来。

"'朴落朴落'放出空气的电动机在哪里啊？"

"电动机不就在这里吗，是塑料电动机，那里接了管子，放出空气来。"

"这个电动机多少钱啊？"

"零售的话 300 日元"。

"呵！用在鱼缸里的东西，怪不得用便宜货就可以了。"

因为自己花 10 万日元买电动机，所以就说这是便宜货。但听他这么讲，金鱼店老板就不乐意了，发火说："这可不是什么便宜货。请你看看这里面的金鱼吧。如果那泵一停，昂贵的龙睛鱼一下子就会死光。所以这泵绝非什么便宜货。"

因为金鱼店老板发了这么大火，技术员感到好奇，就花300日元买了一个回去，拿到自己的研究所一测，发现泵的性能十分优良，很是吃惊。心想"既然金鱼店老板卖300日元，那么制造厂家应该更加便宜"。于是打听，才知道只要100日元。这样测试仪器上就不再使用10万日元的泵，而改用100日元的了。

同样的例子，是有关微波炉的。微波炉靠磁控管这种真空管释放的电磁波加热饭菜。以前，释放高频电磁波的真空管必须用精密陶瓷来做，因此要把金属和陶瓷结合成一体。现在这种产品我们公司仍然占了一大半，但刚开始做的时候，精密陶瓷因为是我们的专业，当然由我们做，但金属部分我们却做不了。这种金属是镍铁合金，将这种部件经冲压后结合到精密陶瓷部件上去。我们到处找生产厂家，"多少钱一个呢？"因为材料是镍铁合金，将它压延以后冲压成型，加工好以后拿回来装在陶瓷部件上。只有特定的厂家才能做，所以一个的价格要好几百日元。

但微波炉厂家却认为价格太高，买不起。开始时买了一些，然后不断压价。客户要求的价格比金属部件的价格还要低，怎么降成本也无法应付。

当时京瓷委托的是一家很有技术实力的企业，在大阪的门真这个地方。那么还有没有其他地方可以低价做呢？经调查我们发现通过大批量冲压制造汽车用金属零部件的厂家，这里可能有戏，"用镍合金做这样的零件，材料由那家做，要加工成这个样子，加工费要多少呢？"我们请教这家工厂。

门真的那家供应厂家，不管我如何压价，他们都坚持"这基本上就是成本价了，再低就无法做了"。当然，他们很认真，拼命努力了。但我新去的那家冲压企业报出了三分之一的价格。

具体的价格我已经记不清了，如果此前的价格是一个300日元，那么这次对方这么报价："要求这样加工吗？明白了。加工费一个100日元可以吗？"我吃了一惊，如果是真的，我就想说："那好啊！"但看那人的态度，100日元似乎还是相当高的。比较以前的价格只有三分之一，对于我来说，已经是意料之外的廉价了。但观察对方回应时的口气，感觉还有降价的空间，所以我说："不！你的报价还是高了。""那80日元怎么样？"对方又让价了。那么最低可让到多少呢？我心中暗喜。"这么低差不多了吧"，我一边想一边继续交涉，最后价格降到了30日元。

所谓"做饼还要靠饼店"。前面那家要价300日元，是暴利吗？并不是。他们也拼命尽力了，300日元是他们的极限了。但竟有价格可降到30日元的厂家。原因在于这两家批量生产的技术完全不在一个档次上。

有如此巨大的差距，可见采购这项工作并不那么简单。因此，只要下功夫，追究无限的可能性，就会出现各种各样的奇迹。

企业经营不仅会碰到像你现在碰到的采购问题，还会遭遇各种各样的问题。一般来说，凡认为事情就这样了，已到了极限了，那么经营就不会进步了。所以京瓷强调"追求人的无限的可能性"。能力中有无限的可能性，所有事情中都具备可能性，不相信无限的可能性，就无法经营。

你现在的问题是怎样才能实现廉价采购，这里也不存在千篇一律的方法。"这么好的东西100日元就能买到？"如此令人惊喜的东西必须只用50日元就能购进。这里需要能力。

用现金购买；缩短支票支付期限；汇总购买；等等。当然还有送货时如何压缩运输成本。有各种各样的办法。问题是采购这件事情必须由社长你亲自来做。

赚钱在采购

我刚创办企业时，听说在大阪的商人街"船场"这个地方有这么一句话："销售不妨委托掌柜，采购要老板自己做。"

一般来说，采购也是委托掌柜做的。东京（江户）的生意人大概都把采购委托给掌柜。而实际上利润出于采购而不是销售。

你面临的问题是利润太低。你的疑问是：在这种薄利情况下继续扩大规模行不行？我的回答是不行！照这样下去必然破产，因为利润太低，企业发展需要利润。

但是，为了多获利而提高卖价毫无意义。不仅是你这种场合，一切买卖的原理就是"赚头在采购"，不是从销售获利。所以正如大阪"船场"的商人所言，销售可以委托掌柜，采购得老板自己做。掌柜拨着算盘珠对客人说"这个价如何"，客人说"太贵了"。掌柜再拨算盘"那就这个价吧"。掌柜或伙计就是这么卖货的。但是如果采购价低的话，就能赚钱。

你的情况是，用100日元的低价，销售让客人惊喜的好东西，获得了某种成功。但因为利润太低，不宜再扩大。再扩大就会破产，为避免破产就要停止发展。停止发展未免可惜，所以就想提高卖价。但提高卖价，又有违初衷，丧失原点。所以不改变卖价，必须以100日元销售好商品，为此，必须把全部力气放在采购上。不能在采购上自我设限。

现在你正在矛盾纠结，但盲目的扩展路线肯定走不通。我也无法给你现成的答案。你在美国看到一美元商店曾大吃一惊。走和他们一样的路就行。

成功的例子不胜枚举。比如麦当劳的汉堡正以半价销售，很可能会在市场上成席卷之势。在阳春面卖二三百日元的这个时代，即使奶酪汉堡卖80日元、普通汉堡卖60日元，麦当劳还是照样赚钱。

但这并不是轻易就能做到。在麦当劳，从肉的采购开始，一切的一切都做得很彻底。不限于从美国，而是从世界各地采购，包括如何利用汇率的差异，在采购上做得非常到位。可以想象，麦当劳使用的面包，是使用极其低的成本从面包商处进货。但是，一般的人决不会去同样的面包商那里、以同样的低价格采购，因为他们的先入之见是"不可能那么便宜，那是不可能的"。但是麦当劳却用近乎不可能的价格买卖，而且利润颇丰。

就是说，没有极限，没有止境。这里说"没有止境"，但有人却说"虽说没止境，但是……"，就这样自我设限，限制自己。这个世上本无界限、极限，但人们往往自己设定了界限。

如果你按我今天讲的意见去做，10年后或许就成了一个了不起的大企业。因为这个思路、构想不同寻常。

方便面两三包卖100日元？这不可能！正因为觉得不可能就真的做不到了。但是卖剩的、堆积如山的面条到期只能丢弃。这样的损失都打入了成本，所以才有现在的价格。所以，有废弃可能的面条一包哪怕20日元、10日元卖掉，对厂家也是帮助。

塾生：原本的出发点不是经销打折商品的百元方便店，而是品种丰富、有品牌的便利店的商品以100日元的价格销售。所以同样的商品，如果品牌降格，利润率就高。想放置价格高一点的品牌商品，利润率就会低。

塾长：虽然有利润率这个问题，你们公司年销售额约 10 亿日元，加盟店要加上 25%，所以从零售额算大概一年要达到十二三亿日元。十二三亿日元由 50 家店铺卖的话，平均一家店一年销售两千五六百万，每月 200 万日元左右的销售。加盟店一个店铺的面积有多少坪㊀？

塾生：从 10 坪到 50 坪。根据对方情况，面积不一样。

塾长：都是小店，夫妻老婆店，家族经营。每月能卖 200 万日元的话，因为有 25% 的毛利，就是 50 万日元，店里的电费、维持管理费以及房租算进去，如果是 20 万日元的话，能剩下 30 万日元。夫人和丈夫从早到晚一起努力，一个月有 30 万日元的现金收入，能做到这个程度，对搞活商店街就是很好的贡献。这比外出打工强。这样的小店如燎原之火迅速发展，如果能做到我刚才说的要点，那就非常有价值。请努力奋斗。

㊀ 一坪约为 3.3 平方米。

经营问答三

应该如何定价，摆脱收益的恶化

⊙ 问题

伴随着主要客户需求减少的定价问题，以及与新行业交易的定价问题。

□ 塾生问

提问背景

我的问题是"虽然有一定的收益，但应该如何定价，才能摆脱销售利润双贫穷的状态"。

1973年，父亲去世，我在大学毕业的同时，继承了家里造纸原料的生意。当时，我们从市内几家工厂收购工业废纸，然后卖给造纸厂。

我们主要的客户是不锈钢制造厂N公司。在不锈钢制造的压伸工序、精加工工序中，使用一种叫作金属衬纸的牛皮纸，保护不锈钢表面不被划伤。在压伸工序中，不锈钢被压成薄板，长度可以达到数千米。这些不锈钢板卷成圈状，插入与其长度相当的金属衬纸。另外，在精加工工序也同样使用金属衬纸，最后，会产生大量被称作工业废纸的、使用过的金属衬纸。单是 N 公司的工业废纸，一个月就达数百吨。

在昭和 50 年代㊀，整个不锈钢产业盛行对废旧金属衬纸循环再利用，N 公司也在公司里制造了简易卷线机，开始从事废纸的再生加工。可是，几年后，这个工作全面承包给我们公司。当时我想，如果能提升再生金属衬纸的品质，这个事业将来是有发展前景的。从那以后，我呕心沥血、千辛万苦地自主研发了叫作 WINDER 的卷纸设备，还引进了裁切机。结果，生产出品质与新品相差无几的产品。

一直以来，不锈钢厂或加工工厂在制造不锈钢过程中使用过的金属衬纸都是报废处理。而我们先把这些金属衬纸装载在卷纸机上，然后把它们粘接起来，对齐末端，然后卷起来。接着用裁切机按照客户的要求，卷切成各种尺寸。这样一来，原本报废的东西变成与新品相差无几的状态。尽管在粘接处有些许皱纹，但八九成近似新品。我们公司的货期一般是一两天，还负责送货上门。

现在，生产效率逐渐提升，开始出现富余，因此，我们开始开拓新客户。通过到线圈厂、加工工厂一家一家地推销，我

㊀ 1975～1985 年。——译者注

们有了30家客户。在销售价格方面思虑良久，觉得既然品质与新品差不多，把价格定在新品的70%左右，客户应该能接受吧，于是把价格定为新品价格的70%。之所以这样定价，是由于以下实际情况。

第一，在报废牛皮纸的循环再造方面，我们的份额大概占日本国内第一企业的30%～40%。不仅如此，我们还是唯一能提供"回收－再造加工－提供高品质产品"一条龙服务的企业，因此，能够掌握定价主导权。

第二，在同行业中，除我公司外的几家企业是6家不锈钢厂及其他加工厂的专属承包商，无力干预市场价格。

第三，我们的体制能应对小批量生产需求，在下单的次日或第三日即可交付货物。

第四，客户也能接受新品的70%这个定价。

结果，年度销售额超过了2亿日元，经常利润也能稳定保持在2 000万～3 000万日元。但是，最近不锈钢产业的需求下跌了接近20%，我公司也因此面临严峻的形势。销售额减少了10%，经常利润减少了50%。然而，在不锈钢产业，已经没有再拓展的空间，扩大销售十分困难。

个人思考

于是，我们转而调研在不锈钢产业外，是否还有行业使用金属衬纸，结果发现可以考虑进入展铜业和铝业。展铜比不锈钢还软，要求更苛刻，所以之前一直没有使用过再生衬纸。我们着眼于此，凭借我公司以下的两个优势，现在正在开拓新业务。

第一，为了使客户对使用再加工的再生衬纸有信心，今年1月，我们取得了ISO9002认证。

第二，展铜业与不锈钢业不同，用纸尺寸大体固定，因此没有必要将衬纸裁小截断，加工工序少。因此，就算以新品价格的四折出售产品，也能获得与不锈钢业相同的利润率。

幸亏老天保佑，我们公司生产的再生衬纸的品质、价格都获得了认可，从6月开始，与大型展铜厂开始合作。展铜业的销售额虽然只占百分之几，但在这个成绩的鼓舞下，我们一鼓作气，加强了对其他行业的进攻。

我是因为父亲去世才继承了家业，在全力施为下总算至今没有出现过亏损。我觉得这十分难得，然而，在这几年销售额减少，变得一穷二白。回顾过去，我似乎在销售方法或者定价方面，考虑得并不够周详，做得不够扎实。为了摆脱赤贫的状态，我想请塾长指教两个问题：第一，伴随着主要客户需求减少，应该如何定价；第二，应该如何给新行业的业务定价。请塾长多多关照。

◆ 塾长答

定价并不取决于材料成本，而是取决于客户认可的价值

我想在座的各位，可能没太听懂您刚才的问题。同时，为了确认我的理解，我再问您一下。

那些用于厨房流水台等各种产品的不锈钢板，是用滚轴压制延展而成的。这时，如果光靠滚轴压伸的话，不锈钢表面就会被划伤，所以要在那之间垫上衬纸。所谓金属衬纸，就是这些纸吧。同样，在铜业中，压伸铜板的时候也需要夹着衬纸。

当产品生产完以后，要把粘在两端的纸剥下来。过去，剥下来的纸就成了废纸，被当作造纸材料卖给造纸厂。您父亲也回收不锈钢业使用过的衬纸，并当作原料卖给造纸业。可是，在不锈钢业也开始再利用压伸工序使用过的金属衬纸。破的地方是用胶水粘起来吗？

塾生：是的。

塾长：所谓的不锈钢压伸，似乎宽度有窄有宽，有各种各样尺寸，对吧？

塾生：是这样的。

塾长：您把回收的衬纸整理清楚并卷好，然后用裁切机裁成或宽或窄，切成不同尺寸，然后把它们卖给不锈钢厂，这就

是您从事的工作。一直以来，您公司把纸当作废品收购回来，并把它当作原料卖给造纸公司，可是，现在这些纸经过加工，能像新品一样，卖给不锈钢厂用作压延衬纸。也就是，您从不锈钢业购买用过的废纸，经过循环再造，再卖给不锈钢业。虽然有些许皱纹，但使用起来品质与新品相差无几，因此，您按照新品价格减少30%，也就是以新品价格的七折作为再生纸的价格。于是，您的销售额有2亿日元，并且有10%左右的利润。

但是，由于近期的萧条，不锈钢行业减产，废纸量也减少了。因此，您公司的销售额也下滑了，利润也减少了一半。您觉得"这样下去不是办法，必须扩大业务规模"，然后，您发现制造铜板的行业也同样适用衬纸，于是打算进入铜业。可是，铜业不需要裁剪机调整宽度，把回收的废纸直接再造、卷好。因为没有不锈钢业工序那么费工夫，所以，价格也降到新品价格的四折，比新品减少了60%。您说过这样也有足够的利润，对吧？

塾生：是的。

塾长：然而，您自从继承了父亲的事业，一直都保持盈利，事业发展还算顺利。但是，仔细思考，您觉得自己不管在销售方针上还是定价上，都没有基准，只是拍脑袋决定。简单讲，您就是来问塾长"应该怎么办"的。

塾生：请您多多关照。

以客户愿意购买的最高价格销售

一方面,您以七折的价格把再生纸卖给不锈钢业;另一方面,因为铜业不太需要加工,所以您以四折的价格卖给他们。两者的差距的确有些过大。不过,尽管如此利润率没有变化。在这个过程中,"怎样定价才正确",您自己也感到有些迷茫。您隐隐约约觉得:"一边七折出售,一边四折出售,似乎有些不对劲。"

您知道一些材料成本。所以,您觉得压伸铜板的废纸因为没有什么加工成本,可以便宜出售。

塾生:是的。

塾长:无论哪个行业都一样,首先有进料成本,然后为了循环再造,会产生手工费,同时还会产生设备的折旧费等。不管怎样,首先应该了解清楚材料成本。

在不锈钢行业的场合,进料成本加上其他费用,再加上一成的利润定出的价格,就是新品七折的价格。因为您掌握了进料成本,因此在经营中,即便以七折的价格销售产品,也足以获得一成左右的税前利润。

我常常对诸位塾生说"定价即经营"。首先只要有进料成本,销售价格就无论如何不能低于该成本,还有,在进料成本上加上销售管理费后,如果没有利润则毫无意义。当然,虽然必须要有利润,但销售方并不知道进料成本是多少。所以,我才对各位说"以客户愿意购买的最高价格销售"。所谓以最高价格销售，就是指"销售价值"。

在您的提问中，也谈到"我有这个自信，自己制造的再生产品品质上与新品相差无几，所以，我觉得用七折的价格销售也不足以为奇"。我说的就是这个，按照价值销售，而不是按照进料成本销售。如果您是以销售价值的方式给不锈钢行业的产品定价，那么，铜业的定价就不妥当了。

塾生：可能是我说得不够明白。铜业的产品没有那么多工序，只是不锈钢业的三分之一，所以我才把价格定为四折。

塾长：瞧瞧，您是因为铜业的产品工序少，才按照比例降低了销售价格的吧。我说的是"按照价值销售"。出发点不是在进料成本上加上多少钱出售。当然，如果定价低于进料成本固然不行，但如果只是在进料成本上加上一点点金额，得出的利润只相当于价值其他产品的经费，这同样不行。所以，首先在保证进料成本的基础上，按照价值定价。所谓的价值，就是客户认可的价值。

就像您所说的，客户使用您的产品和使用新品没什么区别。既然没区别，就没必要以四折的价格销售。在不锈钢行业，您之所以卖七折，是因为觉得自己的产品品质优良，与新品没有区别，所以七折也卖得出去。而铜业的产品虽然不需要花费太多的手工，但如果与使用新品没有区别，也可以以七折的价格销售。这样一来，与不锈钢业的产品相比，铜业产品没有进料成本，会有更多利润。

"价值"是指客户认同的东西

您在定价时有个误区，就是认为成本低的东西售价低，成本高的东西售价高。

比如，我们现在在公司里也使用再生纸。我们是从环保的角度考虑使用再生纸的，但再生纸的价格比新纸还高。我们一定注明"本公司的报告用纸使用了再生纸"，然而，新纸浆制成的纸价格便宜得多，而再生纸因为耗费工夫，价格反而定得高。像这样高进高卖，能卖掉自然好，可是，问题是有时即便进价高，也没法卖出高价格。而另一方面，进价低也未必就要低价卖出。要按照价值出售，价值就是指客户认可的价值。

您说过在铜业，您把价格定为新品的四折。可是，既然用起来与新品一样，又何必以四折低价格销售呢？我觉得这个价定得不妥。所以，如果能改的话，今后还应该改回来。不是按照多少成本，而是按照客户认可的价值销售产品。100日元才能买到的东西，现在只要70或者60日元就能买到，这对客户而言有足够的利益点，所以这并不是什么暴利。

我觉得，从事他人不肯做的再生工作的人，踏踏实实工作的人，即便获得丰厚的利润也不足以为奇。以上是我的回答。

经营问答四

如何摆脱贴牌加工这种不利的地位

⊙ 问题

不甘心一直做贴牌加工,总想创出本公司自己的产品去销售,如何摆脱贴牌加工这种不利地位?

□ 塾生问

提问背景

本公司成立于1958年,是母公司"产元纺织商社"的关联合作社。当时从事真丝纱线染色,以及织好的蝉翼纱(织物的一种,用于婚纱等的很薄的面料)的后整理和包装,主要出口美国。我父亲曾是该合作社的理事长。后来又开始做尼龙纱的染色,现在又做涤纶纱染色。

1977年母公司破产,我们合作社也负债3亿日元,一时面临连锁破产的危机。由于贸易客户的支持,事业得以继续。

1982年从合作社的形式转变为现在的股份有限公司，我父亲就任公司社长。

1990年4月，我从工作了20年的大型电器厂家辞职进入本公司，从1992年开始当社长。我在电器厂家时主要是负责OA机器（办公自动化机器）的销售，当科长的那一段时间过得最为充实。因为在公司里没有人接父亲班，公司的生存即将发生危机，所以要求我回来解救这个危机。虽然从电器行业转到纺织行业有许多困难，但公司需要我，大家期待我，让我觉得很有面子，所以我下决心回来。

纺织行业分工很细，从纱线到成品工序很长，而且流通过程相当复杂。在这中间我们做染色这道工序，是一个比较苦的行业，主要靠加工费收入，加工数量和价格我们公司都无权决定。

在企业的发展过程中，我们不仅做染色，而且在纱线的防火、防水、抗菌等加工方面也花心血研究，以期提高附加价值，提升业绩。但这样下去，已看到了尽头，很难有大的发展。不甘心一直做贴牌加工，总想创出本公司自己的产品去销售。今天就如何摆脱贴牌加工这种不利地位，提问请教。

提问理由一　为了让员工抱着自豪感工作

首先说明一下从纱线到最终产品的生产工序。

第一道工序是纱线的生产制造，这需要大品牌，这已由东丽、帝人等大公司承担。第二道加捻并线工序是将原纱加捻的工序。第三道纱线的染色是我们的工作范畴。第四道针织面料和机织面料的生产制造工序。第五道是将面料裁剪缝制的工序。经这些工序生产出来的产品进入第六道，即服装行业或美津浓、耐克、阿迪达斯等体育用品行业，通过批发、零售环节提供给消费者。

下单形态是由第六道的服装和体育用品企业发出订单，由商社经手，分配给从第二道工序到第五道工序的业务。对于我们来说重要的是，我们的下一道工序针织和机织企业是不是指名下单给我们。对于商社来说，染色给哪家做都无所谓。所以针织和机织企业指定谁做是关键。

因为这个行业的下单形态如此，从实力关系来讲，当然第六道的服装企业和体育用品企业地位最强，它们持有销售数量和价格的决定权。我们这种染纱企业想要提高利润，只有在它们给予的条件下提高生产效率这一个办法。如果不是按订单做，而采用估量生产方式，当然可以降低成本，但这种方式在现有条件下库存的风险太大。

就是说，要想摆脱无法自主定价的现状，让员工在工作中更有自豪感，首先要跳出被动承包的体制。这是第一个理由。

提问理由二　对未来的忧虑

第二个理由是对未来的忧虑不安。染纱企业的规模大多很小，在现在的市场萧条中，规模小的企业逐步被淘汰，当下被淘汰企业的业务转到现有企业来，固然对我们有利，但最近只做原纱的企业也开始以低价提供着色的纱线。

原纱中的黑纱和白纱过去就由国内的原纱生产厂家供应。着色纱的优点同染色纱比，就是成本低，一般用在衣服的里子而非面子上。黑、白以外的颜色，需要微妙的色调搭配，原纱着色因为颜色单调不能应对，所以才委托我们这种专业的染色企业来做。

但是，最近从中国台湾进口的色纱以极为便宜的价格在销售。据说中国台湾来的进口产品的质量问题较多，但因为价格实在便宜，几乎同原纱相同，所以已有客户开始用这些产品。中国台湾产品能不能作为衣服的面子使用，还要等待客户的评价，但将来着色纱的使用范围一定会扩展，会更加普及。如果这样，我们一定会受到中国台湾进口的便宜货的排斥。同时，可以预料，日本国内的原纱生产厂家也会开始大量生产着色纱。这样更会对我们公司的收益环境造成严重威胁。基于这些原因，我认为我们必须尽快摆脱单纯贴牌加工的体制，创出自己公司的产品品牌，以便能自己销售。

我的打算：事业领域的扩展朝策划、设计部门倾斜

我希望由本公司进行策划、设计。染纱工序仍同过去一样由本公司来做，在这基础上加进策划、设计功能。如果能把现在有生意往来的针织企业和机织企业作为我们的合作对象，就可以扩展事业范围，增加收益的机会。但是，这个行业太狭小，我们想要自己销售的消息一旦流出，现在的交易对象即商社就有可能把我们看作他们的竞争对手，因而不给下单，离开我们。

要跨出这一步，必须反复思考推演，以期不影响现有的业务。最好是能够开发出面对不同行业的产品，或者开发出不同用途的产品，也就是开发出与现有的商社没有竞争的产品。但是，如果在贴牌加工的体制中过得很安稳的话，就很难有种种新的想法。

塾长是从做松下电子工业的贴牌加工的零部件公司起步的，随着事业领域的扩展，与现有的客户之间会产生矛盾和摩擦，应该怎么处理，请予以指导。特别是从零部件企业向整机企业发展的过程中，会与做整机的企业产生竞争，作为零部件企业的京瓷是如何解决这个矛盾的。京瓷走过的路和你的思路可以成为我们的参考，请给予指导。

◆ 塾长答

彻底地做好贴牌加工，从中打开活路。

把贴牌加工做彻底，从中透彻思考生存之道

因为京瓷是从做松下电子工业的贴牌加工的零部件公司起

家的，所以京瓷在向整机企业发展的过程中，也遭遇过与你们相同的问题，因此塾长也曾有过同样的烦恼吧。我想这就是你的提问。

你们做的是从原纱到成品过程中的第三道工序，就是染纱工序。发出订单的实际流程是，生产服装或体育用品的厂家考虑市场流行及各种因素，对要生产的产品做出规划，决定数量，然后向商社订货。商社再向第一道至第五道工序发出订单。

你说，你们是做染色工序的，想要提升公司的利润，只有在商社给予的条件下提高生产效率这一种途径。商社决定订单的数量和价格，然后指示说"就照此去做"。所以定价权不在你们自己手里，数量更是不能自主决定。你想摆脱这种状况，让员工工作时更有自豪感，所以想脱离贴牌加工的体制，这是你讲的第一个理由。

按照商社的指示，这个产品只能用这个价格、只能做这个数量。本来，如果数量能多做一些，生产安排就能更加合理，单位成本也能下降。但如果不是按下单数量，而凭估量生产，生产过多，成为不良库存，那问题就大了。所以不能搞估量生产，只能是按照商社决定的数量和决定的价格进行生产。因为只能干这种卑微的贴牌加工的活，所以员工没有自豪感，为了摆脱这种处境，就想把自己放到第六的位置上，就是服装和体育用品厂家的位置。比如自己策划、设计运动服，自己使用商社，让商社为你们做从第一到第五道工序的工作。这样自己当家做主就好了。

从结论说吧，这样做非常危险，请务必收手，绝对不能这么干，这就是结论。

我的情况是这样的：当时松下电子工业开始做电视机的显像管，我做与之配套的显像管中的绝缘材料，从这里起步。那时候，松下电子工业从荷兰的飞利浦公司进口这种绝缘材料。松下考虑这种材料能不能国产化，因此来拜托我。由此开始了这种材料在日本的国产化。所以当时我们的客户只有松下一家，产品100%供应给松下使用。

当时同你一样，生产数量完全取决于松下显像管的生产数量。好在当时显像管的数量不断增加，可以说订单是逐月逐月增长，但与此同时，价格每个月都下降，越来越便宜。连续两三年订单数量不断增加。这个数量的增加就成为降低价格的理由。松下说"你们长时期做同样的产品，成本应该还能下降"，用这个理由来压价。到后来，松下提出"把你们的财务报表拿来给我们看"。因为财务报表上有利润，松下又说："你们的利润太高了。做贴牌加工的，居然有这么高的利润，太不像话了，按比例降价吧。"

这样的事情经历几次以后，我们也动起了歪脑筋。在松下又要看我们的财务报表时，我们把利润做成了负数，然后拿给他们看。

"你们看,已经赤字了。"

"如果赤字的话,你们公司或许就会破产。快!趁早到别的公司去争取订单吧。如果你们真的倒闭了,也会给我们带来不便。"

"不!我们暂时还不会倒闭。"

经过这样几番周折,总算制止了松下一味压价的倾向。

账面上要做成赤字,在销售费用和一般管理费中就要加进各种各样的科目,对方看后又有了压价理由:"为什么出现赤字?原来你们在销售费用和一般管理费方面花了这么多钱。你们每天每日按订单送货上门,你们不需要花销售费。账面上出现这么大的销售费用不是很奇怪吗?把这一项降低为零,这部分你们可以让价。"

说来说去,做贴牌加工的,地位实在可怜。正如你现在所说的,价格完全由对方做主,发挥自己聪明才智的余地一点都没有。我自己也同你一样,烦恼不已。光烦恼不行,总得想点办法,就在那一刻,我下了一个决心,我的想法正好同你相反:既然做贴牌加工,那么我就彻彻底底把贴牌加工做到极致吧。

想清楚这一点之后,我去松下,对他们这么讲:

"你们要我们把财务报表拿来,要看我们做出了多少利润,这等于是把手伸进我的怀里,要把我的钱全部掏空。这样做让我很难受,从现在开始,希望你们不要再这么做。我赚多少、亏多少，取决于我的才能，是我自己的事情。因此，只要你们定价，指定某个产品用某个价格做。我就会按照你们这个价格去组织生产。"

因为客户只有松下这一家，我们只能顺从。所以我当时就想当好松下电子的唯命是从的佣人，就是说，把这个俯首听命的佣人的角色当彻底了。与此同时，我对松下电子这么说："我按照你们指定的价格拼命努力，满足你们的要求。但是，在你们指定的价格下我赚了多少钱，我觉得没有必要告诉你们。"说完我就告辞了。

正如你所说的，当人家的贴牌加工的角色真的很可怜。如果一味向自己的员工和技术人员倾诉我的委屈，他们的情绪也会一落千丈。于是，我就这么对部下说：

"今后会同过去一样，每次同松下交涉，他们都会压价，因为对杀价心理上反感，所以我们会感觉到心力交瘁。现在我下了决心，今后我们就按照松下指定的价格去做。在这个价格下，我们的制造成本能够降低到什么程度，这就要看我们技术人员的智慧，这里就是我们的用武之地，我们就要在这一点上下苦功夫。要求松下提高已定下的价格，是不现实的，一味发牢骚也不管用。但是，究竟能在多大程度上压缩成本，并没有限制。能不能彻彻底底把成本降下来，取决于我们有多大的智慧。

"京瓷公司技术人员的任务，不是按既定价格来设计产品和工艺,而是考虑如何以最低的成本制造合格的产品,我们的心思就集中在这一点上。思考他人至今没有思考过的低成本的制作方法;使用至今人们没有使用过的廉价的原料来生产产品。从制造工艺到所用原料,从各个方面钻研琢磨,把制造成本降低到让人吃惊的程度。

"包括制造工艺和原材料,从各方面进行改良改善,这就是我们技术人员的责任。我们技术人员的本分就在这里。按部就班,照指示办事,这不是技术人员的工作。别人做不了的事情我们要把它做成功,这才是我们技术人员的使命。"

过去因为一直遭压价,我们总是心怀不满,干起活来劲头不足。但是,我们积极向前看,只要开始从正面思考这个问题,各方面的所谓"合理化"就能成功。因为大家都倾注心血干事,所以利润率不仅没有下降,而且达到了极为可观的数字。

"财务报表决不提供,利润数据也没有向你们报告的义务。"我口气坚决,理直气壮,于是松下的人就说:"照你说的做也行,不过,你们得接受我们指定的价格。"我回答说"好!就这么办"。于是,松下采购部门的人从此再也没有问过我"你们赚了多少钱"。

其实,同松下电子的这种交涉,从创建京瓷之前就开始了。当时我是工薪族,负责制造供给松下的零部件。在创建公司时,第一年京瓷的税前利润率是10%,后来提高到15%、

20%，接着继续提高，大体在20%～30%，达到了非常高的收益水平。

就是说，要成为一个高收益的企业，做贴牌加工这一行也行。不是从这个位置上逃避，而是从正面接受，彻底思考做好贴牌加工的方法。当好仆人的角色，把贴牌加工做得透彻完美，这就是我们大获成功的根本原因。

把相同的产品卖到其他企业，以达到稳定经营的目的

然而，我们这个方针虽然实行得很顺利，利润率也很高，但我还是担心，不知什么时候，松下可能会说："你们的产品我们不要了。"如果松下用情不专，忽然向另外的B公司发订单，而京瓷除松下一家之外别无客户，这时候京瓷的销售额立刻会下降到零。而且电子行业变化非常快，日新月异。一旦因某个契机出现了替代的新技术，我发明的这种材料不再使用，客户不再给我们下订单，那么我们公司很快就会倒闭。我一直抱有这种担忧。

所以我也一直希望把我们的产品卖给日立、东芝、三菱等公司，它们也在生产电视机显像管。但是，京瓷从一开始做的就是松下的生意，靠松下吃饭，产品的订单几乎全部由松下下发。刚才提到松下如果用情不专，我们就会倒闭。现在相反，如果我们用情不专，把产品推销给东芝、日立，那么，松下反

过来会朝我们发火。

"岂有此理！是我们培育了你们，这个产品我们100%从你们那里购买，你们若是移情别恋，我们就中断与你们的买卖。"如果松下这么发怒的话，那我们就糟了。话虽然这么说，但如果照现在这样，在松下一棵树上吊死，无所作为，那么，当松下真的不需要我们的产品时，我们就必定破产。想去日立推销，想去东芝推销，想去三菱推销，但如果让松下知道的话，松下难免光火，因为我们是松下的贴牌加工企业。

我矛盾纠结，闷闷不乐，大概过了三年吧，有一天松下的采购部长把我叫去，对我说："虽然现在显像管的产量很大，但以后不知道会发生什么变化。一直以来，你们的产品100%供给松下电子工业公司，但松下不可能关照你们一辈子。"

对松下宣誓忠诚虽然不是坏事，但过了头，一味依赖松下，纠缠不休，又难免令人生厌。"这家伙要我来照顾他一辈子，那就麻烦了。"大概部长抱有这种心理，所以对我说："经营形势的变化非常剧烈，只靠我们松下一家会有风险，你去别家推销试试吧。"

就我而言，当然想去别处推销，就怕松下知道后不高兴，同我们断绝关系。现在松下主动这么讲，当然正中我的下怀。京瓷用100%供给松下的形式，捆在松下身上，将来如果倒闭，就会怪罪松下，松下可担当不起。因此拉开一点距离，让京瓷去干些其他公司的活，不失为上策。大概松下的部长就是这么想的吧。

突然听到松下的部长这一番话，我简直怀疑自己的耳朵听错了。"真的可去别处卖吗？"我脱口而出问了一句。

"当然可以，没有关系，不要一切都依赖松下。你也是一条汉子，自己去思考生存之道吧！说不定什么时候我们的订单就断了。"

部长这么一讲，我勇气倍增。很快我就去日立、东芝、三菱处推销，开拓新客户异常顺利，不久，卖给松下的那部分，降低到我们销售额的几分之一。不管哪家客户跟我们中断交易，总体上都不会影响我们的稳定。就是说，同样的贴牌加工产品，卖给多家客户，增加客户单位，就可以保持企业稳定的生产和经营。

经历严格的考验才有今天的京瓷

当时，为松下提供零部件或材料的中小企业组成了"松下共荣会"这一组织。在近畿一带的松下的贴牌加工企业经常聚集一堂。在这个组织里大家牢骚不断，当大家一起举办宴会时，少不了要说松下的坏话。"松下做生意不择手段，杀价毫不留情"；"做松下的贴牌加工企业，现在已快破产了"。明明是靠着松下的订单，自己才有饭吃，却不知感恩，反而抱怨不休。抱怨对象是给了自己订单的松下。宴会结束时，还有人总结道:"各位,要是一直干松下的贴牌加工的活,公司迟早得倒闭。"

"总的来说,从战后到今天为止,松下之所以兴旺发达,靠的就是剥削贴牌加工企业。"

很奇怪,越是这么说的人,越是只干松下一家的活。而反过来他们又牢骚满腹。我总觉得这样的人很不正常。听他们那么议论,我不予认同。做贴牌加工没有关系,当佣人也没有关系,在这个过程中,我拼命努力,做得比客户要求的更好,我不抱有怨恨情绪。

话题有点跳跃。后来,我走出日本,到美国去做生意。

去美国做生意是有原因的。在日本,当我去日立、东芝、三菱这些大公司推销产品时,屡屡遭到拒绝,总是吃闭门羹。一是因为这些大企业都有系列的零部件供应商。二是因为大企业是精英集团,它们一流的研究所、一流的技术人员,不会把京瓷这种名不见经传的小企业放在眼里。在它们研发的最新的电子产品中,如果要用京瓷的零部件,它们觉得不放心,无法信任。松下因为一开始就同我们交往,我们做出了实绩,所以才使用我们的产品。其他大企业都不肯用我们的产品。好像是讲究门第,讲究信用。必须出身名门,或者有大资本做背景,否则,在日本社会中就没有人理睬你,我感觉到了这种悲哀。所以我就想去自由的美国一展身手。于是跳出日本,我想,美国的大企业同日本不同,即使是默默无闻的中小企业的产品,只要有竞争力，物美价廉，他们就会采用。

日本的大企业，不管哪一家，技术人员都会对我说一些大话。但其实，他们当时都从RCA（美国无线电公司）、通用电气、威斯汀豪斯电气公司等美国的电气厂家引进技术，制造录音机等产品。比如说，从RCA拿到产品规格书，其中规定用什么材料做什么产品。他们就是照样画葫芦，没有任何自己的原创性的东西。

既然日本的大企业不理睬我们，干脆动身去美国，向RCA、通用电气、威斯汀豪斯推销。日本大企业都向它们学习，如果这些美国最先进的企业能够使用我们的材料，那么日本大企业也会模仿跟风。就是说，日本企业花费技术专利费，引进美国的技术设备，而美国企业告诉他们"这里的材料用的是日本京瓷的产品"，那么日立也好、东芝也好，不管情愿不情愿，都不得不使用我们京瓷的产品。在日本不管怎样低头恳求，大企业都不肯使用，那么先请美国企业使用。抱着这个想法，奔赴美国，一举成功，京瓷才得到了快速成长的机会。

当时，我有一种深切的感受。哪怕美国企业，如果质量、技术、价格三个条件不能同时得到满足的话，它们也不会买京瓷的产品。而这三个条件，京瓷全部顺利通过。这时我就想到："正是当年松下的严厉，才锻炼了我，才有今天的我。"当年喋喋不休、抱怨不止的贴牌加工企业中，一大批都倒闭了。而我却在松下的苛刻要求下获得了成长，具备了成本优势和技术优势，足以在美国市场上伸展拳脚。由此看来，必须向松下表示由衷的敬意，真应该双手合十，"真的很好，正是你严酷的采购态度锤炼了我。今天我能够驰骋于全世界，正是当年松下严格要求的结果啊！"我对松下充满了感激之情。这是千真万确的事实。

面对严峻的环境，决不逃避退缩，从正面接受，千方百计以求突破。正是这种真挚的态度带来了喜人的成果。就是说，忍受松下的苛刻要求，不回避、不逃跑，正面面对，解决问题。这种积极奋斗的精神，培育了京瓷在质量、技术、价格各个方面的强大的竞争力，因而能在美国顺利打开局面。

彻底削减成本，当好贴牌加工角色

你做的是原纱染色这道工序，但你又想做服装和体育用品企业做的事情，就是自己设计、策划最终产品，然而你又犹豫不决。

在京都从事有关服装、服饰品的企业很多很多。观察这些企业，在你看来，它们可以按照自己的想法自主策划，自由自在，好得很。但是，一旦失算，策划发生错误，做出了大量卖不动的产品。这时加工费必须全部付给前面工序，而产品躺在仓库里。计划如果脱离市场，血本无归，必遭大殃。比起你现在做的贴牌加工，风险呈几何级数增加，或许招致灭顶之灾。

所以我认为你不要这么做，你应该做的是彻底削减成本，从正面来解决成本的问题。你或许认为，降本已经没有余地了。但是请你不要这么想，在染纱工序上下功夫是可以彻底削减成本的。

如果只做染纱确实已经没有出路，一定要有所作为的话，那么就向机织面料或针织面料的方向发展。织造是染色的后道工序，你谈到是织造企业给你下单，那么你可以向织造进军。当然那里同行业的人也有很多，也有风险。但如果一定要拓展的话，我想还是朝织造方向为好。

过去都是织造企业指定给你下单，指定由你来染纱，如果你出一点动静，要向织造发展，那么，你就成了给你下单的织造企业的竞争对手，就会出现这样的问题。因此，根据情况不同，有时与其去建造新的织造工厂，不如与现有的织造企业合作。现在的织造企业正在与国外企业竞争，正在苦斗恶战中，你可以出资与它们共同经营。就是说，以资本参与的方式与现有的织造企业合作。这样风险可以减少一半，这是一种办法。以资本参与的形式，同亲近的、关系良好的织造企业进行合作，或许也不失为业务拓展的一种选择。

在自己的技术、优势、特长的延长线上开拓新事业

向织造进军也很艰难。在纺织行业干染纱这一行如果真的

看不到前途,那么,在把本行做彻底的同时,需要考虑开展新的事业。

慌里慌张,只要是新事业,干什么都行,这是不对的。你过去做过大型电器公司的销售工作,销售电器产品,并有过当销售科长的经验;后来又继承父亲的公司,有了纺织行业的经验。所以首先要分析一下,自己能做什么,不能做什么;自己的特长在哪里,有无优势;同时,自己的公司除了金钱以外还有什么资产,比如技术、经验、特长。要向用得着自己技术、经验、特长的行业转变。花上一两年时间也可以,不断摸索,认真思考。

大概一直到15年前吧,我的观点是:京瓷当大型电气厂家的贴牌加工企业也不错。我们按照客户的要求制造产品,勤勤恳恳、孜孜不倦。彻底当好贴牌加工的角色,我没有任何低人一等的感觉。

然而,当人家的贴牌加工企业有失面子,因此想做最终的成品。几乎100%的贴牌加工企业的经营者都有这个想法。贴牌加工企业处于弱势地位,听人使唤,地位卑下,心里不平衡,因此想做最终成品,与成品厂家平起平坐。但是力不从心,勉强去做,招致失败。从贴牌加工变为做最终成品的企业,因而华丽转身、获得成功的例子几乎没有。

这类念头我从来没有。因为贴牌加工地位可怜,所以要做最终成品,这种想法我一丝一毫都不曾有过。做贴牌加工也很好，甘心当好这个角色，努力把贴牌加工做到尽善尽美。

所以即使开拓新事业，也没有必要去当那个行业的领头羊，没必要非做最终成品不可。在自己具备的技术、优势、特长的延长线上，自己力所能及的、有前景前途的事业在哪里，这才是你应该认真思考的。

再结晶宝石和第二电电

京瓷做贴牌加工，不断扩张，看起来似乎毫无章法，脉络不清，其实，京瓷的做法是：在可以利用自己的长处和优势的领域进行拓展。

下围棋有一种说法，"要下联棋（下一着棋，要考虑与其他棋子的关联）"，"不出飞子"。学生时代我下过围棋，不过水平很差，后来就一直没有碰过围棋。因为水平差，所以常出飞子，单兵出击，飞子就像夏天飞蛾投火一样，一下子就死掉了。所谓"下联棋"，就是活用自己的特长，只向附近熟悉的地方出手，不能根据心血来潮的念头做莫名其妙的事情。

依照"不出飞子"（不做与本业离得太远的事情）的原则，我一贯以来都是利用自己的特长拓展事业。但是，京瓷又开创了绿色月牙宝石事业。本来我们一直做电子零部件，但后来又做宝石，做人工宝石，向这个崭新的领域进军。

在旁人看来，这好像与本行毫不相干，是另外一个行业。

但精密陶瓷的母体乃是矿物质的结晶体，天然矿物质的结晶就是精密陶瓷这门学问的基础。再结晶红宝石、蓝宝石、绿宝石这些矿物质的结晶，属于我的专业范围。

由于天然宝石过于昂贵，一般人买不起，可望而不可即。我想，既然品相不佳的天然宝石也能卖那么高的价格，那么，能够以较低的成本，做出更加漂亮的、可与天然宝石相媲美的真正的宝石，就有人会买。于是我就开始了这项研究。

天然的祖母绿宝石颜色有点暗，中间有许多伤痕，有时因产地不同，有的还会呈现乳白色。说是绿色，却颜色暗淡，但仍作为天然绿宝石在销售。透明而漂亮的祖母绿宝石产于哥伦比亚，但已经开采殆尽，现在只能采集到所谓"屑石"。但即使"屑石"般的祖母绿也因稀有而昂贵，以高价出售。宝石美丽至极，以致深深吸引女性的心，所以有它的价值。但仅仅靠"物以稀为贵"而高价出售并不好看的石头，那不是邪道吗？于是我就有了动机，想做出光彩夺目的祖母绿宝石。

经过千辛万苦，光彩夺目的祖母绿宝石做成功了，非常理想。"这真是好极了！"我非常兴奋。但一旦拿出去销售就碰到了问题。同天然的绿宝石相比，我做出来的祖母绿宝石实在太漂亮了。"这是赝品，不可能有如此完美无瑕的东西。"有人甚至这么评价。

由此可见，我进入宝石这个行业，并不是"出飞子"，并不是远离本行、与本行毫不相干，它在我的技术的延长线上。

因此，就是想搞多元化，也要在自己熟悉领域的延长线上去做。因为熟悉反而知难而退，就不可能发展。所以不可以畏缩，在自己熟悉的范围内尽量伸展手脚，伸手而不及的地方，则不要轻易出手。

"不出飞子"这条原则，我不仅强调，而且贯彻至今。我第一次"出飞子"，是在16年以前。当时公司快速发展，越来越出色，资本已经相当雄厚，财务宽裕。当时我出了"第二电电"这一枚飞子。大学我学的是化学，专业领域是材料工程学。对于电信通信事业中的通信工程学我一窍不通，所以进军通信事业，真可谓打出了一颗"大飞子"。

如果相关的事情处理不好，在与NTT等企业竞争的过程中，第二电电就可能倒闭。好在当时京瓷已具备了相应的资金能力，具备了雇用通信技术人员的能力，这时才第一次不可思议地打出了这只"飞子"。打出以后，第二电电这只飞子活起来，从围棋角度讲，就是筑起了两个阵地（京瓷和第二电电）。即使NTT发起攻击，第二电电这只飞子仍能独立生存。

那时候，京瓷这个基地与第二电电之间建立了联系。当然没有这种联系第二电电也能生存。一个离岸的小岛也能生存，但是京瓷还是和第二电电接上了关系，这就是制造与手机配套用的通信机器。

我的专业是材料工程学，只要利用生产电子零部件的京瓷的力量，就可以制造手机这样的终端机器。京瓷应该可以做出比任何厂家的任何终端机器更优良的终端机器,开发出这种机器,供第二电电使用,这样就能在京瓷和第二电电之间建立起牢固的桥梁。京瓷生产最终成品(手机)时,面前已经有了现成的阵地,购买这个最终产品的是自己的战友第二电电,京瓷是在这种没有风险的形势下生产最终成品的。

松下电工、东芝、日立等许多企业都在生产终端机器,它们的工厂都使用京瓷生产的零部件。京瓷也生产终端机器,在终端机器的客人中当然会发生竞争。但是,"因为京瓷与自己有竞争,所以不买京瓷的零部件"这种情况一次也没有发生,终端机器在我们创建的第二电电销售,他们认为这是理所当然。同时,性能良好、价格便宜的零部件大家都想用。如果不使用京瓷的零部件危险性反而大,所以没有一家拒绝使用京瓷生产的零部件。

你现在是在受制于人的条件下当贴牌加工的角色,你觉得自己的地位非常可怜。要排除这种消极情绪,首先要把从父亲那里继承下来的这项工作当成天职。同时,在既定的价格下如何钻研创新,如何削减成本,从制造工艺到各个方面,全力以赴,进行彻底的研究。如果非出手不可,也应该限于现有业务的两端,在自己力所能及的范围内拓展业务。

还有一种选择,不是在服装和纺织行业,而是进入完全不同的行业,这也决非不可能。比如说,染色与电镀工艺类似;同时你也见过服装行业中的缝制等各种流水线工序,所以像电子机器的组装那样的工作，只要使用好作业人员就能顺利运行。这些工作都互相关联，所以只要认清自己的特长，这方面的业务也可以承包来做。

开始时自己没有能力做策划，所以即使进入新的领域，也只能做贴牌加工。首先通过贴牌加工认真学习是很重要的。

如果现在从事的工作实在是没有前途，那么在接受上述新的工作的同时，或许有必要考虑将来转换行业的问题。即使不转换行业，仍然可以考虑参与邻近工序，或考虑参与新的事业，通过这些方法来拓展自己的事业。

经营问答五

如何扩大市场份额

⊙ 问题

如何从事销售、指导员工,以及如何与其他公司形成差异化竞争,提升市场份额。

□ 塾生问

继承事业的历程和现况

今天能在塾长及诸位塾生面前得到经营问答的机会,我衷心表示感谢。我的问题有以下三点,请塾长多多关照,不吝赐教。

问题一,身为销售公司的社长,为了提升业绩,该怎样把握销售?为了刹住销售下滑趋势,塑造盈利体制,包括自身在内,应该改善什么地方?

问题二,社长应该如何指导员工,才能使员工不流失?

问题三，在成熟的制服业市场，应该如何实现与其他公司的差异化，提升业绩？

首先，我想说明一下经营这家公司的由来。

我在1989年4月1日进入了父亲经营的公司。之前，我在东京的大学毕业后，进入与家业毫无关系的行业，成了工薪族。当时我对公司不满，对上司牢骚满腹，可以算得上是坏员工。自己的事情只字不提，却要求上司具备超人般的高尚人格，把工作中的挫折都归咎于公司和上司。因为在工作上郁郁不得志，所以当家里叫我回去继承家业时，我找不到拒绝的理由，于是回到了故乡。当时我以为，在人格高尚、受人尊敬的父亲之下，我应该能够大展拳脚，这也是我回去的原因之一。

进公司后，我的态度发生了180度大转变，拼命地认真工作。我想方设法地要得到公司的认可，于是对公司过往的举措百般挑剔，挑出了很多问题，也提出了许多解决方案。公司业务繁忙，每个人每天都工作到很晚。我不好意思早回家，于是刻意找了些工作，留下来和其他人一起加班，直到最后。

我扬言要找出并根除忙碌的原因，改变了接单后的配货方法及物流仓库的作业方法，导入了产品流的管理系统，以此为起点开始了自己的工作。我是以接班人的身份进入公司的，所以总想把不太理想的工作环境变得更有效率，希望通过这样，别人能认可我的存在价值，这就是我当时的出发点。我的动机并不纯粹，不是为了员工着想，而是总想使不被认可的自己得到他人承认，努力的动力全部源于这种利己的思想。

在工作上，我自命不凡。从进入公司的第二年开始，由于总务部长辞职，我被任命负责财务和劳务管理工作。而且，由于工厂和销售部门在不同的办公楼，为了使这两个部门能在一个地点办公，我还承担了新公司大楼设计、搬迁准备等工作，第二年也每日忙得不可开交。

然而，搬进新办公楼的第一年，也就是我进入公司的第三年，父亲突然去世了。母亲担任社长，资深干部各自成为各自部门的高管，而我虽是财务负责人，但实际上所有经营上的事情都由我裁决。我虽然有一点自以为是，但之后伴随着泡沫经济的破灭，销售每况愈下，我通过控制经费，勉力支撑，总算将公司维持到今天。

我不是凭什么一技之长加入公司的。一不懂销售，二不懂裁剪缝衣。我只能抓大局，看管整个公司。如果发现有没有人负责的工作，我就硬着头皮顶上。现在，我跟着销售一起，到处拜访客户，在销售方面投入的时间大大增加。过去负责的财务和物流系统并不是我的本职工作，但因为只有我最清楚来龙去脉，所以至今仍然还要在上面花一些时间。这些部门尽管有一线员工在操作，却没有人负责管理，而且这些作业的规模也还未达到需要特意找人管理的程度。

销售活动的重要性和迫在眉睫的体制转变

我介绍一下第一个问题的背景。

我听说公司向来不善销售。由于我们原本从事白色工作服业务，又是工厂直销，同行少，就算在家里坐着，也有订货电话主动打进来。客户或到店铺来购买，或即使不便前来，也致电销售，抱歉地请我们上门洽谈业务，公司一直都是这种销售模式。但是，在石油危机之后，环境发生了巨大变化，我们也不得不外出跑业务，主动推销。

我加入公司时，恰逢日本刚进入泡沫经济时期，业绩一路直线上升。可是，从父亲那一辈开始，公司就饱受人员流失的困扰。或许是因为这个行业比较容易自立门户。进入公司后，我马上着手招聘员工，但在中途跳槽而来的人中，找不到什么优秀人才，于是，从第2年开始聘用应届毕业生。今年已经是第18年招聘应届毕业生了。可是，人员依然无法稳定下来。

销售额每年持续走下坡路，在这种形势下，目前最关键的是提升销售额。刚进公司时，我对销售工作非常反感。我原本就不善于与人打交道，仅凭进公司时在新人培训中学得的一点皮毛，只够应付接洽重要客户的工作。

可父亲死后，销售人员接二连三地辞职，因此我承担的销售工作比重越来越大。起初，我常站在财务的立场，对销售业绩指手画脚，员工也十分厌烦我这种态度。在每年年末结算时，销售负责人接二连三地离开公司。公司员工流失比例居高不下，恶名在外，销售额更是一降再降，最终，在公司里比我资历长的员工一个都没有了。

就在这期间，我开始负责设定目标，还负责决策行动方针，甚至，还负责教育相关的事务。之后，又发生了造反事件，销售部长和业务部长一起辞职，我只好亲自出马，与销售人员一起拜访客户。这既是为了不丢掉客户，也是为了指导新加入公司的员工如何销售。虽然我对销售并不擅长，但对于当时销售队伍而言，我的领导总聊胜于无。

我与销售人员一起拜访客户，希望能与员工一起共渡难关，但是，在4年前，3个销售干部、员工一起提交了辞呈。从那时开始我才明白，自己对员工缺乏感谢之心。之后，在姐夫的推荐下，我加入了盛和塾。

我重新建立新的体制，以前所未有的积极性，与现场员工共同行动。一位曾担任生产管理的人有威望，所以我邀请他负责统筹销售队伍。而我很清楚，自己并不是与客户洽谈、给客户送礼的料子，于是决定以社长的身份尽可能地多拜访客户，在年末年初时期，我拜访了约1 500个客户。

但是，这3年来业绩并没有起色。虽然销售人才相对稳定下来，但销售额并没有增长。为了减少失误和损耗导致的无用功，我曾积极筹划，企图建立系统。然而失误并未消失。每一次的措施都实现了一些改善，但因此也增加了更多额外的工作，忙碌程度不减反增。2001年，公司导入了ISO9001，每当有投诉时，只能靠采取补救措施把眼前对付过去。

在销售活动方面，我做了大量尝试。也设立了销售日志和日程管理制度，反复试错。可是，没有一个制度贯彻到底，往往一个没实施彻底就转移到下一种方法。不要提数字目标，连行动目标尚且无法完成，然后不了了之。我认为，自己的使命是制作销售工具和建立机制，使销售人员能在客户面前自信地说明产品，让接单后的跟进工作令人放心。但另一方面，我又觉得，在从事这些工作的同时，还要尽可能地多跑一些客户。

我们的销售活动以既有客户为中心，目的是跟踪客户，不漏掉客户的每一个潜在或追加的需求。同时，我还要提议新产品，提升终端市场份额，激活已经中断来往的休眠客户，实施新措施，每天都忙得不可开交。

然而，像这样开拓新客户需要花费大量时间和精力。由于开拓新客户占用了太多时间，导致我们对已下单的客户疏于应对，于是招致投诉，最后丢掉业务。

同时，像这样找到的新项目，只要规模稍大，产品就没有差异化。我们费尽九牛二虎之力才挤上擂台，却不得不跟对手在价格上拼高低，几乎得不到什么利润。

在这种情形下，我最重视的是对现有客户的服务。好不容易拿到订单，我希望能提供完美的服务，让客户满意欢喜，再把我们转介绍给其他客户。在员工的教育培训上，我也加强了这方面的训练。

尽管现场员工也很努力,却不能完成客户的拜访计划。目标之所以无法完成,到底是因为计划有问题,还是因为正确的计划没有得到执行而得不出结果,我连原因也搞不清楚。现在,我正在设法减少忙碌,把重点放在计划的实施上。

我一直认为,要追求全体员工的幸福,最重要的是设法增加销售额。但是,销售额却迟迟不见起色。就算产生了利润,也是因为薪酬较高的老员工辞职,致使成本减少。然而,全体员工的收入水平谈不上高,也几乎拿不到奖金。

在这期间,我们的销售额跌到巅峰时期的一半,而组织却和当时一模一样。我意识到这个问题,从今年开始,对组织进行了整改,总共44名员工中,除了我这个社长,销售部有22人,商品部有18人(含2名负责人),总务部有3人。

销售部中,实际上负责跟进客户的销售人员有11人,加上销售部长及2名非正职的助理,共14人从事外勤工作。销售部在办公室接电话和订单的有2人,跟进后续业务的有3人,仓库出入库管理有3人,合计事务部门的人员共8人,其中4人是临时工。商品部包含工厂中的2名事务及打版(把设计师所画的设计图制成版纸的人)人员,一共是14人。还有,店铺中有临时工2人、承接夜来节[一]设计业务的商品部长及外包人力公司派遣的员工共2人,合计18人。

[一] 日本的一个节日,由高知县发起然后扩展到全日本。——译者注

在工作上，没有一件工作是没有用的，也没有一个人游手好闲。就连间接部门也有6人要身兼多职，负责接洽客户，承担数字任务。所有人都忙得团团转，可是，从现在的销售额看来，我们还根本谈不上盈利体制。

之所以销售额不高却忙得不可开交，我觉得是工作方法有问题。因为忙，一些该做的事没有落实，最后反而增添了许多额外的工作。由于疏于联络而出现失误、由于怕麻烦而不按流程操作，导致犯错，出现损耗。虽然我强调不管多忙也要按部就班，把该做的事情做好，但是，就连进公司刚1年的员工，对改变既有的工作方式也很抵触，而负责推动这些工作方法的干部也改变不了意识。包括人的管理问题在内，我不知道应该从哪里着手进行改善。

如果再进一步承担销售工作，我只能给自己销售客户和任务，和其他人一样，做一个销售人员的工作。而我在公司里也曾经公开说过，我很清楚自己在销售上少根筋。我是否应该把自己当作一个高级销售，带动业绩的提升？如果做不到的话，那么我又能做些什么呢？

同时，为了扩大销售额，塑造高收益体制，又应该做哪些调整？

社长如何发挥作用，提升员工稳定率

接下来，我说明一下问题二的背景。

我想，业绩之所以不好，人员流失也是一个原因。据说，流失的理由是社长脾气不好。在入塾前，只要事情不能按照计划推进，我就怒火中烧，经常呵斥员工。表面上，说的是"这样下去公司不会有起色"，实际上我生气的理由是事情的发展没有如我所愿。自己不在现场流汗，却像一个置身事外的评论家一样说三道四，因此而愤然辞职的干部不在少数。后来经过自我反省，我有意识地亲临现场，与员工一起挥洒汗水，可是，越是深入现场，我越发现员工在细节上的问题，训斥得越多。

从销售规模和人数看来，我们理应没有过去那样忙碌。忙碌的理由是原本该做的事情没有做，所以出现了失误和损耗。我在意的并不是这些失误和损耗，而是作业过程中的工作方法。本来是为了当事人好，我才提出告诫，但又觉得应该尽量少指责对方。我希望员工不需要我一一告诫，也能在现场意识到这些问题，把工作做好。

我和公司干部每周都举行例会。在会上，我尽可能告诉大家，自己生气的原因是希望大家能够以更高的视角发现问题并解决问题。而且，在晨会上，我也把自己的想法传达给全体员工，但是却一直培养不出与我眼界相同、能发现问题的人。这样指责下去，我担心又会有干部离职。但是，如果不指出，员工又会犯低级错误，出现浪费。想到这一点，我还是把话说出口了，讲一次、两次、三次，还是屡教不改，最后忍不住发起脾气来。

比起从前，干部还是有了一些成长，越来越多的事情不需要我一一叮嘱。晨会也不仅只有训斥，十次中也能有一次表扬，情况在一点一点地好转。但是，现在仍然是事无巨细要我过问的状态，我想，对于现场的工作人员而言，这样的工作环境绝对算不上愉快。是否应该这样下去，我感到十分迷茫。

成熟行业的差异化竞争和市场份额的提升

最后，我想说明一下第三个问题的背景。

我认为，自己最应该考虑的是公司方向的问题。制服行业已经是成熟的产业。原本这是个细分行业，没有大企业介入，十分稳定。然而，泡沫时期那样的经济增长，今后绝对不会再有，为了缩减成本，越来越多的企业取消了制服。

现在，我们公司自己制作的产品销售比例在 10% 以下，主要代理厂商的产品，从事制服销售。我们代理的产品和其他同行大多相同，在产品端无法实现差异化。我们希望能够发挥自有制衣工厂的优势，提供缝补及改衣等服务，在细节上创造差异，可是在销售的时候，我们却没有什么得力的产品，举步维艰。

除了制服，我们也没有发现什么有前景的需求或者新业务。虽然也接到了许多可盈利的项目建议，但基于现有的人工技能，即使开拓新事业，也绝不可能一帆风顺。

最关键的，现在我们的市场份额还不到县内5%，可争取的市场空间还很大。

既然在产品和服务上暂时无法差异化，那么只有增强销售实力。先取得公司周边地区最大的市场份额，随机应变，提供细致的服务。然后，以此为中心，逐步向四周扩张，取得市内第一、县内第一的市场份额。

制服并非只适用于特定行业，只要有人工作，就需要制服。虽然不要求穿制服的公司越来越多，但以餐饮服务业为主的制服需求还远远不会消失，所有的企业和店铺都可能是我们的目标客户。尽管在销售成衣上，我们难以在产品端实现差异化，但是，换位思考，站在客户的立场上提供整体搭配方案，通过现有体系，实现从接单到交货、请款的一条龙管理，提供更高品质的产品服务，持续塑造机制，提供更快捷精确、令人放心的交易环境。我认为，这些是我们能提供的附加价值。

还有另一个附加价值，就是现有的不少员工是因为喜爱服装而加入公司的。被我视作左右臂膀的两名干部也是服装专业出身；在这个领域中，我们与其他公司相比，有出类拔萃的专业能力，因此我认为，坚持从事这个行业才是最好的选择。

通过不断回应客户期望，我们有可能创造出新产品、新服务，而且还能发挥自有制衣工厂的优势，研发具有差异化的产品。我公司生产的白色工作服主要面向餐饮店，因为一直保持原汁原味的传统款式和缝制方法，在10年前还深受众多匠人师傅的青睐。可是近期换成了比较便宜的量产货。不过，在成衣方面的需求也多得应付不过来，今后只要我们用心收集信息，一定能研发出新的产品。

我们的目标是通过这些行动，满足客户的期望，首先取得本行业的县内最高市场份额。这个方向是否正确？

以上三个问题或许有思考不周之处，万望塾长不吝赐教。

◆ 塾长答

身为销售公司的领导者应向销售大步迈进，对员工心怀感谢。

彻底把自己当作佣人、跑腿的人

您的企业经营困难，您把一切和盘托出，希望能得到帮助。

听了您刚才的发言，我觉得您是一位头脑十分聪明的人。您比旁人加倍善于观察，发现了许许多多的问题，的确是聪明过人。

您在加入父亲的公司，也就是生产制服的公司之前，曾经在东京做过工薪族。当时，您对公司不满，对上司牢骚满腹，不算个好员工。对自己的问题视而不见，却苛求上司具备超人般的人格，把工作上的挫折全部归咎于公司和上司。您十分聪明，看不起不可靠的上司和公司干部，满肚子怨言。我想，这就是您现在企业经营艰难的根本原因。

您因为头脑聪明，能看明白他人的各种缺点，因此时时烦躁不安，抱怨不满。而如今，您身为社长企业经营不顺，这是一个很大的原因。

第一个问题，您问的是作为一个销售公司的社长，如何把握销售工作，才能提升业绩。如何改进自我、改进企业，才能阻止销售额继续下滑，形成盈利体制。

也就是说，您问的是怎么当好一个销售公司的社长。您经营的是销售公司，自然销售是最重要的。

您进入父亲的公司之后，起初负责财务、总务、人事，工作尽心尽力。进入公司3年后，您父亲去世，您母亲成为社长，干部也纷纷成为各部门的负责人，您一边负责财务工作，一边还要对所有工作进行决策。大概，您父亲去世后，公司虽然有资深的管理人员，但实际上是由您这个年轻人掌舵吧。在这期间，您因为头脑聪明，发现了许多问题。

您并没有一技之长。虽然您的公司是制衣企业，但您并不懂裁剪缝衣。您只能一边照看整个公司，一边和销售一起四处拜访客户，拼命努力工作。可是，您却觉得自己无论如何也不适合销售工作。话虽如此，但您公司是销售公司，销售一般企业常用的制服。您自己公司生产的产品只占了10%，其他都是代理产品，完全是一家销售代理公司。所以，您自己也最清楚不过，销售是最关键的工作。然而，您却说什么"我们公司一直都不擅长销售",置身于这种阴影之下。

您的公司本来属于制造行业,制造的产品优秀,也有很好的客户。所以,即便什么都不做,也会有客户主动咨询业务、订购货品——在那一时期,东西畅销到这种程度。也就是说,有一段时期,即使不主动出击,也有客户上门,所以您就一厢情愿地认为,您公司不善销售。

同时,从您父亲这一辈开始,公司人员不稳定,在人事上比较艰难。您认为,这种买卖,只要员工积累了一点经验就会辞职,自立门户,所以人员没有办法保持稳定。

您公司的销售额每年都在下滑。对于公司而言,最重要的是销售额,可您自从加入公司后,却十分厌烦销售工作。您觉得自己不太擅长与人打交道,也不擅长销售,还在公司里公开表示自己不擅长销售,所有人都知道您讨厌销售。我觉得销售这种工作,就是佣人,就是打杂的、跑腿的人,当销售要经常向别人低头。可是,您这样的聪明人大概无法接受这种事情。而且您有一些神经质,所以的确很难与客户谈到一块儿。

以"坚忍"破除畏难意识

其实,我最不擅长的、最讨厌的也是"讲话",现在仍然如此。尽管我在盛和塾常常给大家做各种各样的演讲,但实际上并不善于言辞。

上周，美国克利夫兰的凯斯西储大学举办了一场大型活动，邀请我参加。晚上，有一个盛大的派对。在派对上，所有人都站着，一边喝酒一边闲聊。因为在国外，要讲英语，而且我不善言辞，很不适应这种场合。在日本，晚宴开始前，也会有1小时左右，让大家一边喝点鸡尾酒，一边相互交流。我仔细一听，大家讲的话题都十分无聊。就算是大学里知识渊博的学者、财政界的要人，谈的也不是什么大不了的话题。

每当这种时候，我就拿着一杯酒，尽可能把自己缩在角落里，一个人喝闷酒。因为没什么可聊的。如果聊日常鸡毛蒜皮的事，我毫无兴趣，但是一个人一杯接一杯地喝得满面通红，又实在丢人。所以，那种场合，我总是闲得无聊。

我就是一个从技术领域成长起来的技术人。像我这样的人经营企业，研究精密陶瓷，从事制造，接着必须出去推销产品。我制造的还不是成品，而是新材料，所以还必须四处推销材料的性能。

倘若是粗粮店、点心店或者豆腐店，只要把产品在摆在店里，就会有顾客前来购买。可是，我制造的东西很专业，谁都不了解，甚至连是什么东西都不知道。特别是刚刚开始制造出来的是电器、电子工业使用的特殊绝缘材料，使用这些材料的都是东芝、日立、NEC、富士通等一流企业的研究所。我们必须上门解说，"我们研发出了这些材料"，"它拥有这样的性能"，"您正在研究的真空管不是正需要这种材料吗"。

可是，我是九州鹿儿岛人，讲话经常带着鹿儿岛口音。说不好标准日本语使我感到大大地低人一等。然而，我不得不操着一口混杂着鹿儿岛方言的奇怪口音，前去拜访东京大企业的研究所，真的好讨厌，好讨厌……

我是因为感到低人一等而"讨厌"，您是因为头脑聪明而"讨厌"，可是，这种时候不能凭个人好恶感情用事。我率先垂范，硬着头皮出去攻克销售难关。虽然我笨嘴拙舌，言语木讷，但却比任何一位口齿伶俐的销售人员深得客户信任。

京瓷能有今天，是因为不断研发了不逊色于全球任何企业的技术，同时也是因为不断地把它们普及给客户。

在日本的推广工作举步维艰。日本的大企业姿态很高，他们的普遍想法是：一个京都小企业的经营者稻盛和夫所开发的产品，比如新真空管材料之类的，真的可以用吗？

当时，东芝、日立、NEC、富士通都是从美国的电子工业公司引进技术，进行制造。不管是真空管还是其他零部件，都是通过与西屋电气、通用电气等美国大企业的技术合作，引进技术，制造出一模一样的产品。我想："既然如此，我就去美国的大企业那里推销，让它们用我的材料制造真空管。这样一来，当日本的大企业去美国引进真空管的生产技术时，发现真空管的这个部位使用的是日本京瓷公司的产品，产品型号是多少，就算是日本的大企业，也不得不采用我们的产品。所以，无论如何也要抓住根本。"于是，尽管连英语都不会讲，在公司才成立4年的时候，我就远赴美国。

这次销售实在是苦不堪言，我词不达意，还要通过别人介绍、翻译。"我不擅长销售"之类的话实在说不出口。但是，辛苦有了回报，美国大企业开始采用京瓷的产品，不出所料，紧接着日本的大企业也开始采用我们的产品。

觉得自己不擅长销售、没有销售这根筋——您这种一厢情愿的思想是经营艰难的原因所在。既然您的公司是销售公司，自然只有销售，不能对销售抱有畏难意识。您应该彻底抛开这种想法，向销售大步迈进。

客户的需求，您就应该去做

您十分聪明，能察觉公司各种各样的缺点，所以，总想把销售体系化。您把拿订单、接单后的流程全部系统化，并且教给员工。一旦出现错误，就事无大小——训斥。其实没有这个必要。您公司的销售规模为6亿日元，一个月的订单大概是5 000万日元。从客户那里拿到订单后，凭一本票据就能走完整个流程。

您头脑灵活，总想采用大企业的工作方式，我觉得您想得太多，有点神经质，这也是导致人员流失的原因。吹毛求疵的结果就是员工屡屡遭到指责，难以忍受，而您自己也坚持不下去。

虽然您讨厌销售，但也唯有从销售入手。口齿不伶俐也没有关系，只要拼命地拜访客户，一再恳求。销售这种工作，就是从放弃自我、把自我归零开始起步，就是类似佣人、打杂跑腿的工作。

如果客户说"只要你跪下，就给你订单"，那么就应当欢天喜地跪下，以额触地，挨挨蹭蹭地讨好。这一点也不可耻。我并不是鼓励您奴颜婢膝，只是，如果这是客户的需求，您就应该去做——我认为，如果没有努力到这种程度，是做不好销售的。

对员工满怀感谢和关爱

您第二个问题问的是人员流失的问题。

您提到，尽管您努力销售，但最后，连一个比您资历老的员工都没有了。您脾气太差，所以大家都辞职了。像您这样头脑聪明的人，很容易看到别人的缺点和失误，而且还会接二连三地指出别人的错误。

既然您公司招不到什么优秀的人才，就必须采取与现有人才相符的教育方式。虽然话说得有点难听，但我的确是这么认为的。

4年前，有3个销售干部一起提交辞呈，辞职而去。当时，您第一次意识到自己对员工缺乏感谢之情。于是，您在姐夫的推荐下，加入了盛和塾。

我三番五次地说，您是个头脑聪明的人。在当工薪族的时候，就把上司的缺点看得一清二楚，为此，常常自鸣不平。加入父亲的公司后，您看到自己部下自由散漫、工作马虎了事，忍不住常常出言呵斥。

要改掉这个毛病，只有心存感谢之心。尽管您公司的员工有诸多不是，但是，他们肯留在您的身边，就十分难能可贵了。您并没有什么了不起，有员工肯留在您身边，您就应该表示感谢。

糟就糟在您天生聪明伶俐，总是看到别人的缺点，所以背负了不少的业。您这种人全靠祖辈、父辈打下江山，才能当上社长。

所以，"我这样满身缺点的人得天独厚当上社长，这太不容易了，我必须感谢。同时，像我这样的社长，还有员工愿意跟随，这不仅要感谢，而且要真心实意地、发自内心地感谢才行。"

有了感谢之心，指点员工的方法也会改变。首先，"谢谢，你辛苦了。不过，这个地方有一点问题，要这样做……"，应该以这样的语气提醒员工。换言之，您要常怀关爱之心。即使发火，也不要吹毛求疵，对细节过于挑剔。

您如果没有生于您父母的家庭，大概就是一个平庸的打工者，过着碌碌无为的生活。正因为后天环境得天独厚，所以您应该常常心怀感激。要发自内心地感谢神,感谢身边的人,感谢部下。这样一来,在心存感谢的心态下指点员工,员工也不可能会离你而去。您的内心是否真的有爱,员工是能感受到的。

有爱心、懂感谢,才能留住人心。能力高的人不会进一家连奖金也发不出来的公司。现在,员工肯留下来,您就应该表示感谢。

进行"顾问式销售"

既然是销售公司,您公司的工作就是销售。可是,您却说"我讨厌销售,全公司都知道我不喜欢销售",简直是荒唐。这正如对着天空吐唾沫,最后还是会落到自己头上。也许您真的很难受,也很讨厌跟人打交道,但就像刚才所说的一样,我也很讨厌在派对中与人交往。可是,只要能给公司带来订单,我就算拼上性命也在所不惜。

这是过去发生的故事。我们公司的销售管理人员说:"社长,您能去问候一下客户的决策人吗?"我说:"你不要让我搞什么问候。我要跟对方谈什么好呢?说上几句'天气真不错啊''天气真热啊''天气好冷啊',然后就无话可说了。"员工答复:"不是的,我已经研究过对方的兴趣,收集了不少信息,您只要顺着这些话说就行。"我说:"这么无聊的事情,我做不来。"从年轻时开始,我从来不去做什么季节的问候。可是,只要是为了拿订单,我一定欣然前往。而且,我还会诚心诚意地陪对方聊天,直到拿到订单。

还有,我记得有这么一件事。有一家大企业的部长是个蛮不讲理的人,把我们的销售气哭了。销售回来后,我陪着他去了对方总公司,把那个部长叫出来,当着众人的面,把他数落得落花流水。这件事情很快在那家公司里一传十、十传百地传开,大家一问缘由,都认为那个叫稻盛的男人讲得有道理,之后对我们反而更加信任了。

每当要达成一个目标时,我必定前往。可是,寻常如果让我向别人低头,我做不到。然而,就是这个不懂得小意讨好的男人,跑去美国推销,成就了今日的京瓷。您也一样,不能有自己做不好销售的想法。

销售并不难。您公司必定有各种材料,可以充分研究产品,给客户提案。"那家餐厅有20名员工,如果给那20人穿上这种制服,店铺显得更加繁荣兴旺",把客户的生意当作自己的事情,提出建议。如果对方的社长不采纳这个建议,就说"那么明天我再给您一个新的方案"。我觉得只能这么做。下次做出新的方案,争取获得那位社长的表扬。我觉得,一想到这些就感到兴奋的,才是真正的销售。

现在,您说您身边有两位专业学习时装设计的员工,而且做得不错。既然您有服饰设计学校毕业的专业人才,就要重视他们，带着他们一起四处跑业务。您的销售方法不应该再墨守成规，而是应该采用您想出来的顾问式销售，给客户提供新方案。

追求扩大目前业务的市场份额

您第三个问题，问的是在成熟的制服业，公司今后应该何去何从。

在您的面前有许多诱惑，有些是新项目，有些是赚钱的商机。您没有盲从，而是专注于如今所在的行业。您还说"现在只占县内份额的5%，还大有扩展的空间，所以打算专注于现有的业务"，您说得完全正确。

您勇往直前，从事销售。您并不是简单地去拜访客户，问候一下，而是观察客户的企业，提出这样那样的建议，只要这样从事销售，我认为，即使行业成熟，竞争激烈，您公司的市场份额也足以得到提升。您似乎也是如此考虑的，我认为那是您应该选择的道路，请您加油。

我的话也许很不客气，但您太过聪明，所以对部下的缺点过于在意。所以，您需要心存感谢。您一定要努力，让大家欢喜满意。

经营问答六

排行第二的厂商的销售策略

⊙ 问题

排行第二的厂商应有怎样的销售策略。

□ 塾生问

提问背景

　　本公司是生产销售咸烹海味、煮豆等的食品厂商。创业者是我父亲，我们家是三兄弟，清一色男人，我哥哥是社长，我是副社长，弟弟负责财务。

　　近10年，本公司一直被销售停滞困扰。直接的原因是大前年投资了新工厂，折旧增加，主要原材料因为气候异常，突然供货短缺、价格高企，导致销售减少，毛利降低。但是，这几年我们没有推出畅销产品，我认为这才是业绩增长不了的根本原因。

按照现在的态势,我们根本不可能实现经常利润10%的目标。不管怎样,我们也要锤炼自身经营中的杂质,一定要把公司建设成为资本雄厚,真正使员工额手称庆、安心生活的企业。为此,我一直感到很苦恼,每天都全力以赴地投身事业。

问题阐释

我的问题是,排行第二的厂商怎么部署销售策略?

作为一家以量贩超市为主要渠道的咸烹海味、煮豆生产销售厂商,我们现在排在行业的第二梯队。领导厂商的销售额是本公司的6倍,企业实力差距十分明显。

由于大家都不希望一家独大,所以各渠道对我公司都抱很高期望,给予我们很多支持。但是,我们的业绩却迟迟没有增长。畅销产品刚出炉,领导厂商立马就会推出类似产品,并凭借价格优势彻底进攻,把我们打败。另一方面,最近出现了许多中国生产的廉价产品,我们受到两面夹击,销售一直处于停滞的态势。

去年开始,负责生产研发的我和负责销售的社长打破部门界限,转变管理方式,两人都同时看管所有部门,推进销售和研发生产一体化。提升响应客户需求的速度,全公司团结一心,加快培育产品,逐渐实现了多项改善。

还有,排行老二的厂家要战胜领导厂商,必须培养出领导厂商不具备的特色。就算价格比领导厂商高一些,但只要生产出得到大众认可的美味产品，通过产品培养品牌，这是我们必须实现的目标。

因此，我并不期待有什么方法能轻而易举地提高销售额，而打算朴实地、持之以恒地展开销售活动，让每一位顾客都知道本公司的产品，扩大产品的忠实用户，除此之外别无他路。全日本有46名销售人员，每人负责5家店铺，46乘以5就是230家店。我们花一年时间，要让产品在这些店铺站稳脚跟。像这样坚持10年时间，为本公司创造2 300家忠实店铺。现在，我们正在向销售人员下达这个目标。

在创业时期，父亲为了让产品走出小小的零售店，主动跑到没有经营过咸烹海味的酱菜店说，"把你店铺一角租给我三天，我会把销售翻三倍给你看"，然后通过促销，把销售翻了三倍。他亲自实地操作，一边传授销售的方法，一边开拓了一家又一家客户。一家既没有钱，又没有知名度和合作关系的微型企业，凭借着创业者坚强的意志和朴实无华的、不亚于任何人的努力，一步一步地上了一个又一个台阶。回想起过去，看看现在，我们付出的努力还远远不够。我感到，怎样使创业者精神在现场的工作中扎根非常重要。

同时，我发自内心地感到，开展销售活动时，最关键的是要有不服输的拼搏精神，要有强烈的斗争心。我们和领导厂商之间实力差距巨大，如果卖场地盘被抢走就灰心丧气、低头认输，是无法和对方进行战斗的。地盘被抢走，就要马上抢回来。在局部的阵地战我们绝对不能输，必须以坚忍不拔的精神从事经营实践。因此，不能把销售现场完全交给现场人员放任不管，领导者要率先垂范，进行实践。

我自己也尽可能赶到第一线现场。特别是拜访不愿购买本公司产品的客户，倾听对方不买产品的理由，下定决心，负起责任，努力销售，直到对方愿意购买我们的产品。

◆ 塾长答

以斗争心推进销售活动。

销售除了腿脚勤快别无他法

首先，制造部门必须增强实力。制造部门没有利润的话，销售再怎么努力都没有用。"利润来自制造"，必须想尽办法调整结构，使制造部门产生利润。

随后就是销售方法。您父亲亲自一家一家地跑店铺，还在酱菜店里试销产品，打开销路，而销售只能这样做。

企业不可能花得起大量的广告宣传费用，所以必须一家一家地拜访客户，宣传产品，扎扎实实地积累忠实客户，顽强地开展销售活动，除此之外别无他路。您提到，您已经下达任务，让全日本的销售员每人负责5家店铺，花一年时间让产品在这些店铺站稳脚跟，这样坚持干10年，创造忠实客户。可是,在下达命令的同时,您必须亲自示范给他们看。

如果像这样一家一家地拜访店铺,有时,会看到其他同行企业的畅销产品放在最好卖的场所,而自己的产品却被扔在角落里。这时,就要想方设法,软泡硬磨,让店家把产品放在显眼的位置。这就好比您父亲恳求酱菜店摆卖自己的产品,必须真正付出朴实勤恳的劳动。您必须呼吁大家,因为花不起广告费,所以大家朴实地、勤勤恳恳地劳作。说到底,销售这份工作,除了勤跑腿,没有其他捷径可走。

企业规模不管再大,销售都只有靠腿脚勤快。然而,一旦企业变大,销售人员都想耍小聪明,投机取巧。这是不行的。京瓷也一样,我至今依旧认为,销售这种工作只能靠腿脚勤快。销售只能磨穿鞋底,勤快地拜访客户,低头恳求订单,直至客户拿你没办法。就算要靠死磨硬泡,也要去拜托客户。就算被连连拒绝,也要顽强地缠上去,直到客户认输,"真是服了你了。把东西放下,回去吧"。我认为,这才是真正的销售。

经营的骨子里需要隐藏着斗争心

销售工作从被拒绝开始。您也强烈地感到,在销售活动中最关键的是必须拥有不服输的精神,必须拥有斗争心。因为与领导厂商实力相差悬殊,如果地盘被抢走就马上认输放弃,是不可能与对手对垒的。您说,地盘被抢走,就要马上夺回来。绝对不能在局部战役中落败，必须以坚强的意志实践经营。您说得很正确。因此，没有斗争心的人不适合做类似销售的工作。

我经常使用"斗争心"这个词，在京瓷哲学中也有"燃烧的斗魂"这一条。体育界的一些名人甚至因为这一条才加入盛和塾。我原本是个孩子王，常常好勇斗狠，常在紧要关头激起性子发狠。但是，这并不意味着从来不打架的秀才就没有血性。人内里隐藏的斗争心绝对有可能令人不肯服输。

如果没有这种斗争心、斗魂，既干不好销售，也做不好制造。这并不是会不会打架的问题，而是不管被怎样踩躏践踏，人要凭着内心隐藏的斗争心，坚忍不拔，努力突破。经营的骨子里需要有斗争心。

我之所以能一边拼命讲述哲学，一边说出这些充满斗志的话，也是因为骨子里具备了斗争心。没有经营不需要面对问题。因此，没有燃烧的斗魂的人担任社长，是员工的不幸，是企业的不幸。

但是，斗争心并不等于粗暴鲁莽，而是内心隐藏斗志。与这种潜在的斗争心相伴的，是不管多苦多累都能忍受的坚强意志。经营哲学中一定要出现"坚强的意志""斗争心"之类的语句。它是一个经营者无论如何不可缺少的品质。把这种品质灌输给制造的负责人，甚至销售部门最基层的销售员。其实，这就是哲学教育。哲学教育并不光是嘴上流利地背诵哲学。

我一直用斗争心呵斥、激励着员工。可是，话虽如此，领导厂商有钱有实力，连续发起猛烈攻势。这样一来，即便你告诉员工要腿脚勤快些，要去软磨硬泡，员工也会跑回公司说"还是行不通"。就算你抽打着他的屁股，骂道："为什么要放弃！"他还是燃不起斗争心。这样的人为数不少，这种现象很寻常。

我以前生气地说："你冲到对方那里，如果受到同行阻击，敢逃走试一试！下次我会从背后用机关枪射你！你没有别的选择，只能向前猛冲！"我的意思并不是要杀人，而是经营者就算把话说到这个份儿上，也需要逼员工燃起斗争心。

明治维新鸟羽伏见之战打响的时候，西乡隆盛率领着萨摩藩和长州藩官兵5 000人，而另一方是德川庆喜率领着数倍的幕府士兵。当时，身居大阪的德川庆喜带着幕府军北上京都。对战后，两藩联军身处劣势。这时，一位遍体鳞伤的武士从战斗的最前线回到后方京都皇宫，赶到西乡隆盛身边，请求救援，"请派出援军。这样下去我军将全军覆灭。"

但是，当时皇宫只剩十几名亲兵，不可能派出援军。西乡说："要援军一个没有！去死！"这和我说的"你敢逃走试试看！"是同一个意思。官兵被西乡大骂"去死"，无路可逃，于是豁出性命，发狂一般地与敌军战斗起来。

两藩官兵之所以能取胜，是因为他们拿出天皇的锦缎御旗，并把它挑在旗杆上，立在前线，殊死搏斗。德川庆喜看到这番景象，感到如果对天皇挥刃相向，就会变成谋逆的反贼，在历史上遗臭万年，于是赶忙逃回大阪。于是，号称数万的幕府军全面溃败。

西乡隆盛在这场战争中，没有说过"你们太辛苦了"，而是叫官兵"去死"。这句话的意思就是我派不出援军，你们就死在战场上吧。于是，走投无路的官兵殊死背水一战，这是历史上千真万确的事实。

在企业经营中，也需要这种斗争心。所以，请您务必加油。

经营问答七

导入阿米巴经营后，如何产生成果

⊙ 问题

一位工程公司社长把工地的工匠分班，导入了阿米巴经营，但业绩提升却不理想，因此请教其原因。（2001年经营问答，提问者：40来岁）

□ 塾生问

提问背景

我们公司是大型建筑公司、准大型建筑公司之下，专业负责混凝土模板工程的承包公司，在其他县也有营业活动。

混凝土工程就是使用被称为水泥板的厚三合板，组成柱、梁、地板等，在其中注入水泥，并用PC钢材加固，使其不会变形，等水泥变硬后，剥去水泥板。在建筑大厦、公寓、桥梁等建筑物方面，这是一种重要的特殊技能专业，可以说几乎所有的水泥建筑物都是经由我们混凝土模板工匠之手建成的。

在泡沫经济破灭之后，建筑行业的工作量减少，单价下跌，员工高龄化、员工意识低下等，被称为是结构性萧条首当其冲的行业。现实情况是被免除债务的建筑承包商为了延长自己公司的寿命，只顾竞标，把核算置之度外，结果把自己造成的负资产转嫁给劳动者，自己苟延残喘。这种事情作为日本的病根，在其他行业也或多或少能够看到。

然而，我认为这个行业还有可以努力的空间，真正的战斗现在才刚刚打响，现在正是大步向前的机会。对于任何行业都一样，"快捷、价廉、整洁、安全"，追求这四个原则，每日付出新的努力，这才是关键。可是，事实上，如果要问努力的结果，我只能回答我们仍在路上。

我公司的编制由包括担任社长的我在内的10名员工、四五名临时员工、约160名外包工匠构成。外包的160名工匠每15～18人编为一个班行动。这些班组分为直辖和外包（承包）两种。直辖班多为应对苦活难活的班组，比较可靠，可惜在核算方面常常出问题。

可是，补充一句，在建筑工地，不能把一切都公事公办，分得清清楚楚。它有一定的特殊性，往往需要凭默契，讲交情，才能使工作圆满顺畅地进行。所以，传统型工匠比较多的直辖班如果仅仅靠核算收支来判断，在经营上会出现大问题，需要强调他们在完成现场工作方面，是不可缺少的存在。

外包班按照每个建筑工程明确条件，以每一座建筑为单位签订协议，完成后结算。虽然是公事公办的关系，但是常常和建筑物要求的时间不合，我公司的现状几乎都是以半直辖、半外包组成的工匠团队行动。每座建筑都确定好条件，让各班进行承包。所以，根据每座建筑判断各班的能力、特点，是我方重要的职责。

我公司承包的建筑工程，包括劳务手工费，其他还有材料费、搬运费、一般管理费等，一直以来，除了各班承包的手工费之外，没有就其他费用做过说明，没有传达过任何与整体相关的信息。承包的班组想方设法拼命努力，希望能赚出自己的手工费，但最近由于工程单价下滑，管理方实力低下，即便拼命努力，最后还是陷入赤字。因此，我公司和班组长常常反复沟通，想方设法要找到一个出路，为此日日烦恼不堪。

在此期间，我参加了前年巴西例会。看到同行的日本塾生及巴西塾生出色的团队精神和精彩的举措，盛大的开塾典礼，我被盛和塾真正的精彩而发自内心地感动。而且，还学到了不少过去一直未曾察觉的东西。在那之前，我是个只参加所属塾例会的塾生，从那以后，我特意积极地参加其他塾的例会，就像久旱的沙漠遇见甘霖，吸收、学习了许多经验知识。

去年，我又参加了巴西例会。针对我的体验发表，塾长引用了圣保罗某巴西塾生开设美容连锁店、增加美容队伍收入的例子，给我"要构建产出收益的结构"的忠告。我仔细领会个中含义,在这一年间,按照自己的理解付诸了实施。

最近的举措

工匠的世界是我最喜爱的世界。在这个世界中,仍然保留着浓重的师徒色彩,置身其中,就像和亲生父亲在一起似的,是公司职业意识淡薄的组织。也许,这正是这个世界的优点,但我希望他们能从具备传统气质的工匠团队,转变为具备核算意识,足以面对21世纪挑战的工匠集团。要实现这种转变,我认为最适合的就是水平开展京瓷的阿米巴经营,于是制定了以下两个方针。

第一,把过往各班组成一个公司,实现组织化。师傅担任社长,踏踏实实地培养副手,而工匠则成为各具特色的专业员工。

第二,给各工程设定收支核算目标,构建体制,把过去归总公司管理的材料费、管理成本等内容共享给各班知晓,构建达成目标的成就感、创造收益的实在感、对工作的价值感。

现在我们正在推进意识改革和公司内部改革。具体来说,迄今为止,工匠只从事手工活,但是我正在采取举措,打造基础,使他们能够逐渐从事材料管理、现场管理、材料成本管理。

同时,在每天早上5:50的晨会上,我都会讲以下三点,尽可能传达给每一位工匠。

第一，木匠应具备的专业精神。

第二，要充分理解：工地现场其他工种的人也是共同生存的伙伴，我们所从事的工作是通过建筑，为社会做贡献。

第三，我们有今天，是先辈每日追求技术精进、每日努力及改善的结果，我们负有将掌握的技术传承给下一代的义务与责任。

还有，为了让他们具备成本意识，我把订单价格细分到各项，在开工前向各班公开说明，并对各班提出要求，请他们各自反思为何本来作为专业人员理所当然的、应当做到的事情没有做到，并详细解释、阐述具体的方法，一起找出可行的解决办法。只不过，在执行时并不是敷衍了事，有时给一个巴掌，有时给一块糖，就这样推行起来。

可是，从接单到工程结束，并不是所有都交给各班，订单的定价还放在我这里，我觉得这是个问题。还有，如果自问是否指导有方，使他们能切实承担各自的责任和义务，扎实把握应该做的事情——很遗憾，我还没有做到。

在公司方面，为了极力减少日常管理费，我构建了新机材中心，对必需的机器材料实施统一管理，该中心已经在运转。总部经费根据各班的完工金额按比分配，这也在一点一点地实施。

可是，走到这一步，各班呈现出各种各样的差异。有的班解散；有的班在不知不觉中人数减少变成小组；有的班相反，人员增加，每月也产生相应的成果；有的班保持不变，维持着一定的工作量等，所有差异全部如实地呈现。

实绩增长的班长了解各工匠的个人实力差距及性格，能做到人尽其才、物尽其用，真的令人佩服。班长自己也身先士卒，每天拼命努力。

而成绩不好的班并非工作懈怠。班长也很认真，每个工匠的实力也并不逊色于成绩好的班，甚至可以说在他们之上。可是，为何他们做不出成绩呢？这简直不可思议。

尽管建筑行业常被人说"不景气，今后工作量会越来越少"，但我坚信，只要努力和改变意识，在建筑业这个蛋糕中还大有可为。但是，建筑业特别是木工业是典型的劳动密集型工种。员工减少、劳动力差距大都逐渐影响公司的生存。一个木工成长为独当一面的工匠，需要长年累月的经验积累。因此，我觉得，全公司都必须关注这一点，以某种形式分享时间和费用，培养优秀的工匠。

提问内容

团队充满人情味、经验丰富、有深度，成长却不理想，面对这一现实，我感到深深的烦恼：是不是自己忽略了什么？有没有其他什么办法？越是全神贯注地投入工作，收支上越显现不出成果。也许是我们的工匠在这方面不太机灵。

人们常道，这个人世间的规律就是最弱小的人们往往受到最多的消极影响。可是，应该怎样让员工有自主自立的意识，重新发现自己的能力？必须做些什么？真正的自立需要什么？还有，在收支管理及经营方面，如果能得到塾长指教将甚感荣幸。请塾长多多关照。

◆ 塾长答

让前线工作的人们高效地、专心致志地工作。

把有经营神经的人提拔进经营层

塾长：我对这个行业毫无经验，这对我而言是个很难的问题。请问，直辖班和外包班是怎么划分的？

塾生：直辖班是从创业开始一直跟随的班，外包班是签订外包协议，当有新工程时以委托的形式，从外面拉人过来。

塾长：直辖班即便没有工作，也算作雇员吗？

塾生：是的。不过几乎不存在没有工作的情况。

塾长：我不太了解建筑行业的情况。建筑工地的工作是不是就是在围裙中装满钉子，拿着锤子，一块一块地组装混凝土模板？

您是去巴西的时候，从巴西盛和塾塾生经营美容院的经验受到启发，而且我也提示您"应该考虑构筑产出收益的结构"，所以您才考虑尝试在自己的工作中导入京瓷的阿米巴管理方式。

可是，我有一些错位的感觉。如果我理解错的话请您纠正，譬如，15个人组成一个班做混凝土模板的工作。本来，只要求这些人在钢筋上组装混凝土模板，然后支付给他们手工费，混凝土的运输、库存等一概不用这些人操心，总之在规定的时间内把混凝土模板拆装完毕，就是这种按工计件的工作吧？

塾生：现在这些都由他们管理。

塾长：之前是怎样的？

塾生：之前是在多少平方米的承包合同中规定付多少钱。因为是手工费，因此不包含此外的一切费用。材料使用了多少，是否浪费，完全与他们无关。可是，现在他们从材料费和手工费合计的金额中出钱购买材料，以这种形式希望他们因此善用材料。

塾长：结果如何？您提到尝试之后，发现有的班进展得很好，有的班甚至崩溃解散，有的班人数减少，情况不一而足。所以您才想问应该怎么办。

我觉得，让拆装混凝土模板的木工师傅具备所谓的经营神经，让他们从安排材料到成本管理，脑中要考虑所有事情，这简直是乱来。假如要让他们产生经营者意识，必须具备一定程度的知识和学问基础。

有些班进展很顺利，有些班却行不通。换作是我，不会要求在现场拼命努力工作的木工师傅做这么复杂的事情。

您公司由总部接订单,然后,把工作分到各班里去,可是,如果订单金额很低,班里的人们要从材料开始,自行负责经营所有的收支,这太可怜了。所以,您打算让他们从接单阶段就开始参与负责。

塾生:是的。

塾长:那就更是乱来了。如果他们能做这种事,就不会做木匠了。我觉得他们就在师徒关系、义理人情的世界中,做一名认真专注、努力工作的木工师傅就好。光这样就很出色。应该给这些人创造心情愉快、用心工作的环境。

现在您公司的班组中,有善于经营的人。他们虽然是木匠,没有什么学问,却不仅会工作,还有经营神经。应该把这些人提拔为您的直接下属,放在总公司里。

然后,总公司的职员作为作战参谋总部,从各工程现场的材料开始,详细划分,并调配安排。总公司负责所有的现场调配,木工师傅则专心努力地组装模板。在短时间内提升效能,全心全意地工作。要对他们说:"不需要操心其他事情。总部的职员会分好工,解决好一切问题。你们只要做到最好,要在最短的时间内组装好模板。"我觉得应该彻底做到这一点。

比如,在做报价的时候,要计算这个大厦这一部分的模板的承包价格应该是多少。要用多少块三合板,要多少手工费,把从现在的工地拆下来的三合板运到下一个工地需要多少运费，需要花多少天，都要在脑中进行计算，才能做出报价。这些数字职员全部都很清楚，所以只要这些人到现场负责安排，使木工师傅不需要考虑其他事情，一心一意地、高效率地组装模板。

一直以来，这些事情都由您亲自主持，其他的总部职员也就是跑跑业务，或者负责财务及行政人事，没有做过专业性的工作，所以您才想让现场的木工师傅拥有经营者意识。

可是，我觉得不是这样的。我知道碰巧有一些木工师傅有经营神经，做了这些事情。对这些具备经营神经的木工师傅，也就是实绩增长的班的人，不要只让他们从事一般的工作，应该把这些人提拔上来，让他们成为您直接管理的职员，照看所有班。

向工匠讲述工作和人生的意义

听了您的描述，我感到您与160名木工师傅关系十分融洽。虽然您是大型建筑公司下的承包商，在现在严峻的环境下，仍然能够勉强做到收支平衡，这也是因为您跟他们建立了良好的人际关系。大概在早晨五点后的晨会开始，您给工匠做了各种各样的讲话，以此教育员工。虽然正式员工只有15人，但您把160名木工师傅当作自己的员工教育，让他们了解您的想法。

我认为，要向这些木工师傅讲述自己的工作对社会产生的影响，以及自己与公司的关系，也就是工作的意义和人生相关的话题，使他们表里如一地工作。

这样一来，收支不好就是总部职员的责任。比如，在打仗的时候，必须强化了解现场并且具备理性知识的作战参谋总部。如果说让在前线扛着枪匍匐在战壕中的一介兵卒考虑整体战略，我觉得实在太过残忍。弹药由后方补给，时刻变幻的战况全部由后方告知。对大家说"你们只要砰砰地开枪，守住阵地。不需要向后看，我们会在后方，以自己的身体守护你们"。如果是我，就会采用这样的做法。

您一直以来，采用的就是类似的做法。然后，听到我说的巴西塾生的故事，认为只要在现场构建了提高收益的体系，就能够提高效率。

在美容院中，美容师一个人就能够提高收益，所以可以采用完全个人经营。比如，使用了多少烫发药水，使用了多少洗头液，这些一个人能全部了解。因此，一个人美容师能够进行独立核算。

可是，10~15人组成一班，像架子工一样爬上高楼大厦，拼命地组装混凝土模板，是关系到人身安全的。他们一边小心翼翼，一边要拼命努力作业，在多少工期内必须装好模板。我认为只要做到这些就足够了。所以，为了让这些人高效率地工作，什么材料调配等，都应该全部由总部负责计算。

对木工师傅，还是应该像以前一样，支付他们手工费。与其说是按手工付钱，不如说是让他们在规定的时间内完成工作。而如果所花的时间超出规定的时间，那么成本就增加了。因此，只要在规定时间内尽早完成工作，就算成绩优秀。如果要做核算，最多也就只能到这种程度。让他们产生责任感，在尽可能短的时间内得出相同的成果，我觉得到这种程度就可以了。至少可以把有对经营敏感的木工师傅纳入经营团队。这样的人如果不止一个，而是两三个甚至更多的话，也许您不仅能在本地，还能在全日本范围开展业务。

为了成为日本第一的混凝土模板公司，应该把熟悉现场并且善于统筹的木工师傅吸纳进总部，让他全面负责统筹安排。其他人只要认真专心、默默地埋头拆装模板就好。如果是我就会这么做。让这些人从事阿米巴经营，具备经营者的思维，实在太过勉强。

在京瓷，连工厂中单纯负责操作的人也从事阿米巴经营。可是，我这样说虽然有些失礼，从事混凝土模板的木工师傅大多是不太擅长细致管理的人。

您雇用的都是非常纯朴、优秀的人，所以我觉得这样就足够了。如果是我，不会对他们提出更多的要求。为了让这些人能更加专心地工作，要把总部的职员变成精英。如果是我，就会这么做。

经营问答八

如何重振公司，使其不再持续亏损

⊙ 问题

一位经营者被母公司派驻一家持续亏损的玻璃板批发公司出任社长，现在正在艰苦奋战，重振企业。他请教的是在眼下激烈的竞争中重振公司的方法。

□ 塾生问

自我介绍

我考上了东京的大学，在毕业找工作的时候，父亲硬着头皮对我说："继承不继承家里的生意，我尊重你的选择。"不过，我在学生时代，读过田原总一郎所著的《业态革命》中关于京瓷公司的报道，第一次知道塾长的经营哲学，很是感动。虽然，我并不知道自己是否具有经营者的素质，但还是选择了经营者之路。为了做好准备以继承家业，我决定到建筑资材工厂上班，在那里锻炼了6年。然后，在9年前，我回到故乡，进入了现在出任社长公司的母公司。

在东京锻炼的时候，我有机会认识了前建设省的官员。当时听他说"今后，国家的方针是把建筑业这个包袱，从底部宽大的金字塔型向陡峭的金字塔型引导"。不难想象，一直靠围标过着安稳日子的建筑行业今后将会陷入由恶性竞争导致的你死我活的残酷战争之中。

回到家乡后，我多次劝父亲"趁着员工还年轻，容易接受转岗，趁着公司还有实力，应该清理与建筑相关的子公司"。可是，父亲没有理睬我，认为"如果国家对建筑业放任不理，国家就会垮掉"，没有采纳我的建议。既然如此，那只好迎接生存大战，想办法幸存下来，我下定决心，埋头重建当时亏损的、从事水泥批发的集团子公司。幸好赶上了县内兴建高架桥公路需求和储水池修整业务的浪潮，在员工的关照下，销售额增长，成功地清除了累积的亏损。

母公司的发展历程

母公司在1883年创立。为了响应村长帮助村民脱贫的号召，三个资本家出资创立了这家公司。据说，公司当时有15万坪（52.5万平方米）地，加上在某个岛上拥有的5万坪（16.5万平方米），一共有20万坪（66万平方米）土地，是一个很有实力的盐田公司。1942年，祖父进入公司，被当时的社长视为左右臂膀。据说在他成立商事部之前，100%的专卖国有公司都是公司的客户。

后来，国家通过推行盐田整理法，推进盐业现代化，按照国家政策，母公司不得不接受了营业补偿金，废止了盐田事业。在那之前，祖父预见盐田废止的来到，当时成立了商事部，作为盐田事业的副业。母公司的销售额为6亿日元，连续保持经常利润18 000万日元，集团规模发展壮大，顶峰的时候总销售额达70亿日元，员工共计120名。

现在的母公司从事盐田废弃地的地产租赁及仓储业务，常驻董事和员工合起来，一共有11人在从事运营工作。

由于修缮盐田堤坝需要使用大量水泥的关系，集团公司旗下拥有从事水泥批发及建筑资材工程业务的公司、生水泥制造公司，和从事水泥出货基地运营及水泥装卸业务的公司。同时，由于煮盐需要大量柴油，还拥有汽油加油站、煤气公司。把从沙子里提取的水放在盐锅中搅着煮时会产生气泡，为了消除这些气泡，母公司还有经营大量消泡剂的药品批发公司。这些与盐田相关的派生事业通过商事部，依次公司化。加上在盐田废止后，在水泥厂客户的推荐下，还开拓了新事业，成立了从事水泥型外墙建材工程的公司。还有就是本次求教的敝公司——一家从事上市玻璃厂A公司的特约批发工程店。

敝公司的现状

敝公司是由我现籍所在的母公司100%出资成立的子公司，在1972年创建，1979年公司化。祖父让他的两名心腹担任专务，在县内的两个市各开设了事务所。在转型的母公司稳定下来，成为高收益企业的期间，集团8家子公司中，敝公司作为盈利支柱，成为集团的核心，一直支撑着集团。现在，员工有18人，其中女员工3人，另外还有两名兼职员工，企业一共有员工20人。由销售4人、专务员3人、施工员（工匠）8人（其中兼职2人）、货运2人、玻璃切割兼加工员（工匠）3人组成。

市场对象是全县大小建筑承包商、工务店、大型窗框经销店、大型窗框工程队、城镇玻璃店、城镇窗框店等。

在10年前，也就是1994年，根据3月的财年统计，销售额为64 000万日元，经常利润为1 600万日元，员工23人，与此相反，2004年3月统计的财年销售额为33 500万日元，经常亏损达到5 400万日元。其中，包含1 000万日元的搬迁费。

在顶峰时期，我们的销售额为72 000万日元，经常利润也有2 000万日元，在一系列子公司中，可算名列前茅。但是，因建筑业萧条，8年前公司开始转为亏损。7年前，两位专务中的一位以年事已高为由离任。6年前随着位于我公司盐田废弃地的子公司玻璃切割中心的撤销,我们关闭了县内两家事务所,并把机构集中转移到玻璃切割中心的旧址仓库。而后,在5年前,我重整水泥批发公司,刚刚找到头绪,却突然被命令重振现在的这个业绩恶化的公司。

到处充斥着灰心丧气与漠不关心的氛围

刚赴任的时候,公司内部充斥着悲凉感与灰心绝望、漠不关心的气氛。还没到休息时间,施工员却聚集在休息室中发呆。"价格下跌都是因为竞争对手不顾后果,胡乱降价的缘故",销售人员也只会一味把责任归咎在别人身上。另一名前任专务也早已一副放弃经营的姿态,嘟嘟囔囔地抱怨道:"我劝过你父亲,玻璃事业已经没有未来,干脆关门比较好,你父亲偏不肯听。我年纪大了想辞职,他也不许。公司再做下去也没有意义。"在浓重的绝望气氛中,事务员抱怨公司"钩心斗角"。公司中背地说人坏话的风气盛行,氛围败坏至极。

而母公司中,大型银行出身的董事逼着我关闭公司,父亲却强调"亏损的原因是销售太弱"。我个人也认为管理体制与结构的确十分有问题。

我感觉,问题在经营一帆风顺的时候就已经萌芽,但却被盈利的假象所掩盖而暗自滋长。一旦经营环境恶化,这些问题就猛然浮上水面。

外部环境的变化1：日益剧烈的订单争夺战

外部环境方面，随着政府办公机构建筑工程的减少，由民间大型建筑工程承包商引起的订单争夺战日益剧烈。当然，拿到订单的承包商在玻璃工程方面的预算与我公司的成本相差悬殊，尽管如此，玻璃行业同行之间的订单争夺战也变得十分激烈。单笔订单价格眼见着不断下滑，市场每况愈下，价格直跌到接近10年前泡沫经济时期的四分之一。起初每月亏损300万日元，多的时候500万日元。还有一段时期，主打产品从一片单层玻璃板转为双层玻璃。老实说，刚上任的时候，我感到压力山大，束手无策，就连到公司上班也感到十分压抑。可是，我又想到"经济是经济，经营是经营"，以"危就是机"给自己鼓劲。我觉得，从政府需求转变为民间需求，一定有一些经营战略符合这一时代潮流的变化，于是绞尽脑汁思考，每日烦恼不已。

在这个时期，我不顾前任专务和父亲的反对，进入了住宅玻璃工程市场。结果，由于我集中投入了人力资源，这一业务得以走上轨道，成为我公司的主打业务。在员工和母公司的协助下，我们左右尝试，结果亏损年年减少，最近减少到一百几十万日元。可是，在泡沫经济时期，两名前任专务从关系户那里购买的高尔夫会员及度假村会员、公寓等依次成为不良债权。而客户的信誉不稳，每年都会发生一桩以上空头支票的情况，拿到手的上市承包商的股票也转为三板股。尽管收益在逐渐回升，但这些已经被遗忘的历史负资产每年都会冒头，导致公司血流不止。

"不要灰心，一定要成功""不行的时候才是工作的开始"，虽然我不断给自己打气，但在母公司的董事"你要做到什么时候"的催促下，我有时信念也动摇起来。在订单价格方面，"定价即经营"也完全不适用，只能对承包商和工务店言听计从。现在，价格已经跌破10年前的1/4，即便我们不肯接受，也自有其他企业接受。

这样低的价格，公司自然亏损。其他公司之所以能接受这种价格，是因为另有生财的业务，又或是死猪不怕开水烫。奇怪的是竞争的玻璃批发工程公司竟然仍然顽强地活着。在这种情形下，更有厂商直营的批发工程公司出现，以打工吃苦耐劳的精神，以低廉的价格争取订单。同时，当有超过1 000万日元的大型建筑工程时，连大阪等外县公司也跑来抢订单。近半年来，就连800万日元以下的工程，它们也来争订单。听说，地方的地标塔也是由建筑承包商包给东京的大型玻璃工程公司，然后三级转包给大阪的大型玻璃工程公司，再分包又分包，最后由大阪玻璃工程公司实际承揽工程。再加上工程结束后，承包商还不爽快付款。虽然不知道现在情况如何，不过我听说双方为此快要吵到法庭上去了。我还听说，还有一些公司因为其他工程而破产。

另一个实际情况是常年来往的批发对象、镇上的玻璃店及窗框店当中,后继无人的高达 70%,可以想象未来行业将每况愈下。通过全体销售人员分工进行市场调研,与我们没有生意往来的店铺,后继无人的也有约 80%。

外部环境变化 2:少子化引起的社会结构的变化

还有少子化的问题,这也是社会外部主要因素。今后开工的住宅户数的未来走势将十分不稳定,而政府工程也无法预测是否在今后能恢复兴旺。

再加上窗框厂商转为内部生产双层玻璃,即把窗框及玻璃一体化,提供组合好的窗户。在主力的双层玻璃市场方面,三家厂商全部都在公司附近开办工厂,其中有一家 A 公司就在我公司的地界之内。今后,这里将成为全日本屈指可数的双层玻璃激战区,带着这些问题,公司的财务状况持续恶化,未来甚至很有可能动摇母公司这一根本。

敝公司属于玻璃厂商的下属批发商。我上任时,公司在县内 6 家同类公司中排行第三四名,然而,现在市场份额排第二位。在需求锐减的形势下,敝公司的出货成绩与 8 年前相比,单层玻璃占 76%。因为节能潮流而突然迅速成为主力产品的双层玻璃按平方米数计算,占 1 593%。A 公司下属的批发商与 8 年前对比,单层玻璃占 65%,双层玻璃平方米数占 650%。从这些数据上看,我不禁合掌赞叹"我公司的员工都很勤奋"。

过往实施的突破型措施

迄今为止,我做了不少尝试。我结合 TPO 原则[1]与全体员工分别进行个人面谈,以激发他们的主观能动性。我们使单层玻璃切割件的成品率从 70% 提升到 80%,也重新检讨了切割工序及拉窗组装作业现场的业务效率。为了填补批发客户减少的窟窿,我们承包大型窗框销售公司、窗框工程店的业务,寄放住宅窗框部件材料,切割玻璃及装配双层玻璃,提供现场吊装服务等,开拓了不少新业务。这些业务日渐走上轨道,并变成主力业务。还有,我还整顿队伍,解雇了有问题的员工,招聘了年轻有志气的新人。

去年(2003年),我还把 A 公司的双层玻璃工厂引到我公司的建筑用地内。通过缩短双层玻璃的交货期,通过缩小公司建筑及仓库的规模,提升移动效率及压缩库存。最近的尝试是重新检讨销售体制,推进市场部门及每一位销售人员的专业化,不是给销售人员个人指标,而是让全体销售团队成员增进销售目标意识,以促进他们互相合作,共有信息。

同时,重整组织体系,明确权限、责任、决策、命令指示,确立了报告、联络、商量流程,通过 PDCA[2]管理目标进程,以提升销售作业及行动的效率。还有,在各个现场推行作

---

[1] 做事要符合时间、地点、目的的原则。——译者注
[2] 计划、行动、检查、修改一系列行动。——译者注

业核查制度并规则化，以杜绝投诉。在发生投诉时采取反馈-作业精度提升，并将这一循环制度化。同时，制作各个岗位的作业标准书，把作业标准化。如果有人因为自己业务较空闲，支援其他部门，以日报的形式统计他们的时间，并在强调与奖金评估无关的基础上，制作"伙伴贡献周报"并公之于众，促进团队协作等，向高效能迈进。但是，批发部门、工程部门合起来，整体平均单笔订单价只有10年前的三分之一，十分低迷，现在还在持续走低。

放眼全日本，现在像我们公司这种独有资本的玻璃批发工程公司接连不断歇业倒闭。由合作的玻璃工厂接过经营权，在其旧址上成立直营批发工程子公司。而且，大型窗框工厂委派合作的运输公司，从两年前开始内部运营与我们新启动的事业类似的住宅服务业务。我觉得，将来所有窗框厂商将陆续走上这条路，连我们新部门的业务也感受到今后被取而代之的威胁。

为了每日坚持努力与成长的员工重振经营

我很喜欢玻璃事业，感到乐在其中。我感觉，玻璃这种材料的魅力，还能创造出很多可能。在推进事业的过程中，我了解了每一个员工的人格秉性，日久生情，我还爱上了自己公司的优点和缺点。不管怎样，我要把公司变成能令这些人安心的企业。因此，我自己学习、成长，也希望全体员工学习、成长，共同摆脱逆境。逐渐地，这份心情得到了员工的回应。

尽管有个体上的差距，但他们每天努力，与过去相比，有了长足的进步。现在，几乎所有的员工都埋头工作，"片刻也不休息"。

我自己以前接受过不少外部的培训。今后，也会通过学习教练技术，进一步激发员工的能力。我打算让员工轮流接受外训，学习我亲自听过、认为效果较好的课程。我还制作了公司内部的培训计划。自己自然不必说，我还希望全体员工的能力都得到提升。"重建这家公司，已经是人生态度的问题，只能咬紧牙关"，我下定决心。

但是，不管哪种业务，都是作为主心骨的母公司可以从事的。这样下去，"将来或许会挤压母公司的经营"，母公司的董事说。听了他们的话，我觉得他们说的或许也有道理。我开始觉得，坚持这种没有结果的战斗，最后只是在白费力气，不会有任何成果。老实说我痛苦极了。自从被母公司的董事批评以来，我时不时地冒起"中止事业、把人力充实到本业中比较好"的念头。然而同时却又觉得，只要这样咬紧牙关，坚持拓展经营，必然会优胜劣汰，光明的日子一定会到来。

我希望早一天重振自己的公司，如果可以的话，甚至还想制定母公司今后的百年大计。我还有一种强烈的感觉，只有我才能重振集团。母公司的在职的董事中，还有些人对我说"等把亏损的公司全部整合梳理完毕，你也能每天去打高尔夫"。这种人品的董事，不可能制定百年大计。我想从这里出发，重振自己公司，早些回到母公司，制订母公司整体的经营计划。

可是，现在还是以重振自己公司为主，希望尽可能做些什么。只要有信念，就一定有办法，只不过因为一直亏损，所以还有许多方法我还没有发现。

恳请塾长指正，请您多多关照。

◆ 塾长答

必须基于意义与使命做出重大决策。

思考自己公司的优势

对于住宅及政府机构工程、建造大楼的玻璃采购业务，我毫无经验，所以很难回答您的问题。

刚才您提到玻璃厂家在日本有三四家。然后，有您公司这样的独立批发商，或者说销售公司，从玻璃厂购入玻璃，然后在建造住宅时提供货物。你们把玻璃切割成窗框规格大小，并且仔细安装好，然后交货。其中，还有特殊的玻璃、各种厚度的玻璃、双层隔热的玻璃、薄薄的单层玻璃。您公司的业务就是把玻璃精确地裁切提交，以便在建筑现场安装在窗框上。

原本您祖父创建的公司是在盐田中制盐。可是，由于盐田法规的影响，不得不中止盐田的制盐业务。因为从事盐田制盐，所以你们拥有15万坪土地。公司利用这些土地，成立了商事部，创立了新公司。母公司虽然不再制盐，但在下面成立了形形色色的子公司。

其中的玻璃事业部销售额曾一度高达7亿日元，利润丰厚，在母公司的子公司中是成绩非常优秀的佼佼者。然而，竞争日益剧烈，现在虽然业务仍然繁忙，但销售额却几乎减半，只有三亿几千万日元，每年大概有四五千万日元的赤字，这几年一直持续亏损。

而这时，您进入公司，拼命努力奋斗。您父亲是社长，让您"重建"持续亏损的子公司。5年前，听了父亲的吩咐，您来到这家公司。

一到公司，才发现这里没有员工教育，有人还暗中说人坏话，许多员工也毫无干劲，认为"这种赚不到钱的生意做不下去"。同时，连干部也感到有力无处使。在经营层和员工各自为政、貌合神离的情形下，您不怕吃苦，带着集体荣誉感，拼命呼吁"大家一起努力，否则公司撑不下去"。您亲自跑去参加各种外部培训，学习经营知识，在听到非常有用的东西时，您还派员工参加学习，希望改变大家的心态，以推进经营。结果，员工与您5年前到任时相比，发生了质的变化，能真心放下姿态，团结起来，拼命努力。

然而，因为建筑行业本身如今十分萧条，玻璃厂自己成立销售公司，自产自销；大型玻璃批发商自己成立工程承包公司。大家各出奇招，纷纷希望突破困境。还有，最近，生产铝制窗框的厂商全部内部采购玻璃，他们自己购入玻璃，再把玻璃安装在铝制窗框上，配套销售。市场因此更进一步陷入白热化的战斗。然后，玻璃厂的批发商、自立门户的工程公司纷纷破产。因此，您的公司现在也困难重重。

正如您刚才所说，未来大概竞争会越来越激烈。价格也会降到几分之一，通过玻璃厂提供便宜的价格，看起来似乎还做得下去，但利润微薄，就算拼命努力也做不出利润，亏损还将持续。雪上加霜的是为了争取大承包商的业务，大型玻璃批发商从大阪、东京纷纷来到这个小小的市场，连1 000万日元的工程也要争夺，最近，甚至连800万日元的工程也争。行业竞争如此激烈。

我听完您的话，真的感到脊背发凉，您太艰难了。您所在的子公司一直亏损，所以有些母公司的干部劝您："这样下去母公司也会倒闭，赶快放弃吧。"可是，因为父亲有过"重建这家公司"的吩咐，而您也想通过发挥自己经营者的实力，尽力把公司重建成功。大概您是想让大家大吃一惊，又或者是想通过完成这个不可能的重建任务，回母公司后令人刮目相看。

母公司现在仍然在盈利，可是您有一种自傲，认为"能让母公司百尺竿头更进一步的，舍我其谁"。那些银行出身的董事绝不可能成为出色的经营者。您一定要经营母公司，因此，必须把子公司重建成功，以凯旋的姿态回到总公司，掌握总公司的经营。所以，您想尽办法也要把现在的公司经营好。

我一边听您讲话一边想，您的子公司有哪些优势或者强项？有哪些有利的地方？可是什么都没有。至今为止，除了您在培养员工拼命认真工作的这一点之外，可以说没有任何优势。勉强算来，也就是在亏损的情况下，仍然能把母公司的经营维持下去吧。

没有优势，却和大型窗框厂的铝制窗框一起竞争——如果只是玻璃部门出现若干赤字，而整体却在盈利，还勉强说得过去。然而，您公司没有任何强项，只是从玻璃厂购入玻璃板，然后按照规格裁切、交货，没有任何附加价值。这样厂商当然会自己出手，直接销售。然后，您刚才讲到，在您公司的所在地，给您供货的Ａ公司来建造工厂。这样一来，就能在那里建造裁切基地，切割难度很大的双层玻璃，再把成品供应给你们。因为在同一个厂区，裁切后的玻璃运输过来十分方便，交货期短，您觉得很便利。然而，虽然门对门的交易的确方便而且交货期短，但在缺少附加价值这一点上，却还是全无变化。

既然Ａ公司来到自己的地盘生产这种产品，我认为干脆对它说"把全部产品交给我们"。也就是，成为Ａ公司的直属批发商。既然Ａ公司在同一个地界建厂，视实际情况，让它拥有10%～20%的股份也不要紧，必须提出这样的要求。

只要提出这样的要求，作为Ａ公司，"为了拿到这个地区的市场，需要你们公司"，应该会提供彻底的支持。"因为没有附加价值,请把玻璃的批发价格再降低一点",只要提出这个要求,对方就算有困难,或许也会答应。也就是,告诉对方,由您公司充当厂家的直营部门。在这一点上,也许能与其他批发商产生若干差异,形成优势。否则,靠单打独斗,做独行侠,是没有什么优势的。

不容乐观的社会结构变化及建筑行业的前景

我想,大概建筑行业的工程数量今后会呈现越来越少的态势。之所以这样说,是因为国内产业化大型建筑物及工厂等建设今后不会有太大增长。大家都纷纷到中国、越南等地建厂。同时,普通住宅方面现在还有若干需求,但随着少子老龄化,新建筑的需求会不断减少。因为,每个家庭只有一两个孩子,孩子长大快结婚的时候,双方父母都有房子,孩子就算不买新房子,结婚后不久也会得到一两套房子。所以,住宅行业未来的10～15年后,除了重新翻修之外,大概不会有别的业务。

虽然刚才您说过,拼命地强化用于普通住宅的玻璃,已经拿到了一定程度的市场份额,然而,基于行业背景,我对您这个业务的前景很不乐观。取得一定的市场份额,如果能产生利润还好,可是,如果这个行业最后还是会亏损,就算业务量增加,也不能保证产生利润。虽然,您在员工教育上倾注心力,又在盛和塾学习,还在盛和塾之外参加各种经营培训,不仅仅自己学,还让员工一起学,提高员工的素质,可是,到时将会非常痛苦。

经营者要有预见性

刚才您提到"不行的时候才是工作的开始。绝不放弃,直到成功",这是我告诉你们的话。"不行的时候才是经营的开始",这句话如果用在通过努力奋斗、能够打开道路的场合是可以的,但也有道路越走越窄、最后无法往前走的时候。在这时,就不是"不行的时候才是工作的开始",在这样的形势下,经营者要有预见性,也就是要有先见之明,这非常重要。现在在场的诸位经营者行业不同,可是,在各自的行业中,应该有和你相同的苦恼。自己从事的事业是否有前景——也就是,诸位都被逼着拿出自己的前瞻性。

仔细想来,有时,人们想着"不管多努力,这条路也行不通",中途放弃,但之后却后悔莫及,"早知道当时再坚持一下就好了"。

另一方面,也有些时候,人们一直坚持再坚持,结果无路可走,最后觉得早知道当时放弃就好了。诸位应该都在想"自己到底属于哪种情形"。这就是命运吧,这取决于一个人所做的判断。

何况,越是自己倾注心血、费尽心思打算重建的事业,自己对它越有感情。因为有感情，所以不能轻易放弃。就算没有未来，凭着感情也要坚持。因为有这种危险性，所以做这个决策非常难。

如果因为我说"不要做"，您就放弃的话，那么我就要担负很大的责任。尽管不能说不负责任的话，但我觉得您还是应该放弃。您现在那么辛苦，把这份辛苦用在其他地方不是更好吗？您已经被卷进太过封闭、竞争太过激烈、各种行业胡乱介入的市场。在其中靠着微薄的利润苟延残喘。这对拼命努力的员工而言，也是十分成问题的。

"放弃"说起来简单，其实十分困难。所以，具体的方法是您先跟总公司的父亲商量商量，跟其他董事也研究一下。"我不是打退堂鼓，而是现在根据了解，是这种情况，所以我有这样的想法"，应该这样跟他们商量。

子公司出现5 000万日元的亏损，如果母公司是大公司还好说，可对一年只有15 000万或2亿日元利润的企业而言，是一个极大的负担。其他人担心您，叫您"不要做了"，老实说，这是他们的心里话。所以，应该趁早做出决定。

难得把员工培养到这种水平，把这些战斗力投入新的事业去吧。我觉得，即使不是玻璃，你也可以考虑在销售方面从事一些新的业务。在自己现在从事的事业越走越难的时候，应该转型从事什么行业、什么业务呢？在张罗着中止旧事业的时候，另一方面要考虑新的事业，以免员工流离失所。以本地区为中心,还剩下什么行业?要绞尽脑汁地思考这个问题,这非常重要。

应该走还是留,伴随着这个决断的是意义和使命

在举步维艰的形势下,应该继续坚持下去,还是应该撤退,在只有两个备选项的态势下,我们不得不选择其中一个。是进还是退,这是一个非常难的问题。可是,如果按照利益得失进行决断,绝对不可能成功。

诸位都知道,我以前工作的公司有五个大学毕业生同时进入公司。那家公司到了发薪水的时间却发不出薪水,总叫我们等上一周或10天。当听说奖金也没有的时候,我们五个人就开始满腹牢骚,叫苦连天。大家都互相怂恿"辞职"。可是,辞了职我也没有地方可去,所以在其他人辞职之后,只有我留了下来。这对我而言非常幸运,但当时我不得不继续从事研究。

当时,我才23岁,却思考了这些问题。其他人都喊着"辞职、辞职",我也喊"我要辞职",但辞职是正确的,还是留下来是正确的呢?之间的差别是什么?从现在看我的例子,当然可以说:"那个人在破公司里坚持再坚持,从事研发,结果很好。假如当初对破公司满腹牢骚而辞职的话,肯定不会像现在这样,走上精彩的人生之路。"所以,坚持下去是好的——说这个话只是事后诸葛亮,当时,辞职是正确的,还是

坚持下去是正确的，是一个非常难判断的问题。

我并不是自己选择的这条路，而是因为无处可去，才不得不留下来。虽然觉得幸好神灵对我如此眷顾，但之后再想起来，辞职是正确的，还是留下来是正确的，这是一个非常重要的问题，不能单凭私心私欲判断。

要留下，就必须找出留下的使命和意义。同样，要辞职，就必须找出辞职的使命和意义。如果完全没有这些，只是凭贪欲、好恶进退，都不会成功。

您现在当然会有利害得失。像现在这样继续亏损下去的话，您的母公司将会受到牵连。假如您在这一两年无法找到眉目扭亏为盈，就会给母公司带来更大的负担，包括母公司在内，给所有人带来麻烦。同时，过去好不容易相信您、跟随您的员工也很可能会流离失所。从这个角度考虑，趁着母公司还健在，想办法撤退，和大家一起商量包括员工在内的安身之计，我想这样比较妥当。既然能找到这种意义，我觉得应该放弃。

这真的是很难解决的问题。如果因为我是塾长，所以叫您放弃您就放弃的话，我会感到很为难。但是，请您务必仔细思考我今天的话，认真决断。

经营问答九

客户信誉不稳定，应该如何回收债务

⊙ **问题**

如何对客户进行资信管理，回收应收账款，并且应该如何应对客户破产的情况。

□ **塾生问**

我提两个问题："如何管理客户的资信"，还有，"如何采取措施，防患于未然，以免无法回收应收账款"。

我从事印刷业，超过 80% 的销售额来自普通商业宣传物印刷业务。50% 的客户来自城市，50% 的客户来自本公司所在的地区。在长期萧条的环境中，最近，越来越多的客户破产，或者自己申请破产。在本公司所在地区，过去这种事情发生得比较少，可是在上一年度、上上年度出现大笔坏账，所以才提出这个问题。

我公司的债务回收机制是由销售负责接受订单、交货及收款。一般根据客户的支付条件进行收款。如果回款延迟，需要向上级汇报延迟的理由和预计收款的日子，是非常普通的管理机制。

在客户的资信管理方面，没有特别的资信标准，也没有按照客户不同，设定不同的订单限额。同时，我们行业基本是订单生产，在交易过程中没有收取保证金。在客户的信誉调查方面，主要是依靠销售及有过交易的老客户，只有当新客户有较差风评的时候，才会委托调查机构进行资信调查。对新的业务没有设立什么特别的标准。同时，对销售的债务管理，也没有什么特别的培训。

接下来，我说一下具体的事例。

第一个事例，是接到一个家居中心A公司的单张印刷业务。每月20日收款，对方支付付款期限为3个月的支票。A公司一个月产生的销售额为400万日元。

A公司是很久之前一直合作的客户，一度因为价格上的问题把业务转交给其他公司。可是，那家公司破产后，又再度和本公司合作。后来，A公司附近建成了大型商业中心，A公司陷入了销售低谷。因此，印刷单张的次数突然增加，正当我们公司开始警惕时，对方开出了拒付票据，回收不了货款。

销售在票据拒付的大前天，还确认过对方尚在营业。可是在前一天去对方店铺对单张做最终确认时，发现店铺被工程专用的蓝色带子围起来,写着"店铺装修,临时休业"。我们虽然对这种情况有所警惕,但却没有具体的措施应对,导致欠款无法收回。

第二个事例,是从事房地产业的 B 公司给我们下的产品手册、单张制作订单。那家公司的社长还是一个有名的人。

泡沫经济崩溃后,这个客户付款的情况越来越差,本公司也开始限制接单。这家客户的未回收款项金额一度高达 1 500 万日元,在收回欠款之前,我们拒绝了对方的制作需求。因为对对方信誉的不安变得越来越大,我们和 B 公司的财务负责人进行了谈判,对方承诺在今年的 3 月底支付欠款,但到了 3 月底,对方主动申请破产,欠款无法收回。

针对这个事例,我们反省了以下 5 点。

第一,尽管交易状况越来越恶化,但仍然继续交易。

第二,过于信任对方。

第三,催款方式过于温和。

第四,信息不足,且没有从不同角度进行调查。

第五,在回款延迟时,采取的措施过于缓和。

我个人觉得,即使委托调查机构调查,并小心谨慎、充分警惕,但许多时候仍然会被蒙在鼓里。因此,必须建立机制,尽早从一线收集客户的信息。

我认为,这种机制是指我或者销售负责人增加与客户的领导人或者二把手交流的机会。同时,在与新客户交易时,应该设立交易标准，让销售严格贯彻。对企业而言，不应该出现还账损失，但在萧条中却很难做到。

当客户出现信誉不稳定的情形时，应该如何应对？应该如何收回债款，希望塾长给予建议。尤其对于本公司这样销售额高但经常利润低的企业而言，坏账是致命的问题。解决这一问题，是本公司迫在眉睫的课题，恳请塾长多多关照，指点一二。

◆ 塾长答

收款是堂堂正正的商业行为，无须踌躇、畏缩不前。

明确客户的支付条件的限度

这是一个非常难的问题，我想，诸位塾生大概也有相同的问题。

我可能并不是回答这个问题的合适人选。这是因为，自从创立了京瓷公司，从一开始，我研发的电子工业专用精密陶瓷产品的销售对象就是大型电气通信厂商，而不是中小企业。但是，随着公司规模变大，与中小企业的业务来往也有所增加，类似的经历也不少。

中小企业的利润率如果非常低，一旦出现坏账，就会导致危机，甚至可能导致公司破产，因此对这种问题要格外重视。

在交易管理机制方面，一般有客户的置信标准、按照客户不同设立接单限额、保证金制度、新客户交易标准、债务管理培训，然而，中小企业经营大概没有采取其中任何措施，我刚成立公司的一段时间也是如此。

如果按照所谓的经营管理顾问所言，把这些条条框框变成死板的管理机制，那么在现实中，必然没有办法拿到订单。所以，我认为，没有标准是理所当然的。

那么，怎样才能使欠款不会打水漂呢？印刷业属于按订单生产的行业，其实几乎所有的中小企业都是订单先行。跑到客户那里低头恳求客户给自己订单，因此，在支付上提出各种要求，要求客户必须按照什么条件付款，否则就会很难做等，很难像这样大大咧咧地主动提出要求。极端地说，几乎所有企业都不得不全然接受客户的付款条件，中小企业在商业中就是处于这样的弱势地位。

这样并没有关系，我也是如此。提出再多的交易条件，都是不现实的。可是，在这里，中小企业经常出现的错误，是以为低头恳求客户给订单，所以就必须毫无条件地接受客户的付款条件。就连对方的付款条件过于恶劣，也依旧这么想。

以您为例，每月20日结款，收取3个月付款期限的支票，这种情况很普遍。可是，当对方提出的付款周期为6个月或者1年的时候，就必须考虑是否接受，这是公司内部的底线。我认为最长的付款周期是3个月，即使做出最大让步也不能超过

4个月。中小企业虽然非常渴求订单，渴求得几乎从喉咙里伸手出来抓取，但应该在公司内部设立底线，不能冒超过底线的风险。同时，支票的付款期限最多为4个月。

销售负有收款的责任

即使把这些付款的底线告诉销售，对方如果坚持"五六个月付款"，如果销售比较软弱，说不出"我们公司最迟要在4个月内付款"这种话。因为，如果说了这种话，也许会失掉订单。中小企业的销售非常弱势，他们很难提出这样的要求。实际上，这才是问题所在。

那么，应该怎么对客户提出要求呢？"一般我们只能接受3个月付款期限的支票，这已经是做了让步。最后再让一步，至多只能接受4个月的付款期限，超过这个期限我们没办法做这笔交易"，销售向客户这样抱怨毫无意义。

中小企业一般从事的都是附加价值很低的业务，也就是分包之类挣点佣金的业务。这些业务没有附加价值，大多数成本花在材料费和人工费上。这两年，材料费多用现金交易。同时，中小企业因为信誉不足，不可能从大型批发商那里借到许多货物。

所以，应该这么对客户说。

"材料的采购基本是现金交易。最关键的是我们的价格中，人工费占了六七成。您也清楚，我们每月都要给员工发工资。我们竭尽全力在价格上下功夫，努力把费用降得比别家都低，导致资金周转比较困难。因此，真的十分抱歉，虽然您提出以6个月付款期限的支票支付，但如果不在4个月之内收款，公司真的做不下去，请您想想办法，把付款期限改到4个月之内。"

客户就是上帝，所以，如果忤逆了客户，买卖是做不下去的，大家都认为这是常识。但是，企业都要给员工发薪水，对方想必也有相同的困扰。因此要恳求对方，"我们必须养员工，给他们发工资，请您想办法通融一下。"

这样恳求客户没有什么可羞耻的，也绝不是无理的要求。在谈判时对客户动之以情是非常重要的。

在您的公司，从接单、交货到收款，都是销售的责任。在我们公司也一样。也就是，并不是把接单和收款单独分开，而是从接单到交货，甚至到回收欠款，全部都由销售负责。在这种情况下，害怕提出要求会导致订单丢失的恐惧心理，实际上正是丢掉订单的根源。

首先，要让销售相信，向客户提出付款要求，与接单并无关系。销售害怕竞争对手会全盘接受6个月付款期的条件而抢走订单，而自己却因为提出付款要求而丢掉订单，正因为有这种想法，才导致坏账的产生。

接受6个月付款期的企业，在资金周转上特别游刃有余的另当别论，按照这样的方式从事买卖，最后都不可能长久，所以，必须对这一点满怀自信，与对方谈判。

向对方解释为何必须收款

接着出现的情形是当去对方那里收款的时候，对方说："请稍等。支票还没有准备好，要 10 天才能准备好，下次再过来取吧。"也就是，在收款的时候没有拿到 3 个月付款期限的支票，结果磨磨蹭蹭地又拖了一个月，收款期变成 4 个月。但是，到了收款的时间，如果对方还要拖延，也不能同意。必须按照约定，拿到 3 个月付款期限的支票。

当销售向对方催款，对方发起怒来，说道："明明是你三番五次地来恳求我给你们订单，现在不过是让你们等个十天八天，就说不行。像你们这种只考虑自己的公司，以后不会再给你们订单。"听到这些话，性格较软弱的销售就会害怕起来，然后说"那么，就再迟一些吧"。然后，等销售 10 天后再去收款，对方又会要求"等 10 天"，结果就这样被拖延下去。

在要订单时点头哈腰，收款时只要稍有延迟，就满嘴抱怨。对方是甲方，地位优越，或许会骂"简直不讲道理"。

在这种时候不要害怕，就用刚才我说的方法——我就是这么做的。

"今天拿到 3 个月有效期的支票，在今天之内，我们公司的财务就会收走支票，明天就会拿去银行兑现成现金，用以补充公司的花用。很抱歉，如果今天拿不到支票，我们公司就运转不下去了。"

这是权宜之计，就算实际情况并非如此，也可以这么说。不必为采用这种权宜的说辞而感到羞耻。在这种事上踌躇和畏怯，正是经营者最大的错误。并不是要经营者像守财奴一样，锱铢必较，咄咄逼人，而是向对方讲清楚为什么马上需要收到支票。

"我们公司也要给供应商付款。假如现在在这里收不到支票，我们也会延迟付款。这样一来，就会引起一连串连锁反应，给所有人带来麻烦。明天就有人要来我们公司收款，所以，不好意思，请想想办法，把钱付给我。"

像这样晓之以理动之以情，紧紧缠住对方不放。销售对收款必须像对待拿订单一样努力。销售在拿订单的时候，常常连续好几天拜访客户，竭尽全力，在收款的时候，也要付出同样的努力。

然而，经营者非常重视获取订单，只要销售拿到订单，就会被表扬，但是，销售说"客户说10天后再去收款"，经营者却说："是吗，那就没办法了。"

之后，经营者再叫销售去收款，销售却说"客户说今天不方便，如果硬要去取，以后他们不会再给我们订单"，不肯前往。"让你们公司等区区10天，你们都等不了。其他公司都能给我们行方便,从下个月开始,我们不会再给你们下单了",大概对方向销售说过类似的话,所以销售对收款始终有些胆怯。

采用一些权宜的说法并不是说谎。做事要讲得出各种道理,也要讲究各种方法。在收款时对客户动之以情,与拿订单一样重要。没有收回欠款,销售的工作就没有结束。应该对销售加强这方面的教育。

"监控"对方的公司

而且,拿到了支票,事情并没有结束。在收款时,拿回支票并不等于取到现金。如果对方公司倒闭,支票就变成了拒付票据,制作的费用就不得不由自己公司承担。因此,必须"监控"对方公司的动态。

所以,每月到保持下单的客户那里,不断收集这家公司的经营状况,这样的"监控"非常重要。

也就是,我想说的是回收支票延迟自然不必讨论,在收到支票且支票的付款期限为3个月,那么就会出现3个月的应收账款。为了收回账款,必须对开出支票的企业保持充分的关注。

销售必须仔细观察对方公司,并一一汇报,然而,此时,必须由经营者做出判断。如果发现情况有异,就要指示"即使对方再下订单也不要接，不要再去拿订单"，不仅如此，对付款延迟的情况还不能置之不理。

换言之，假如拿到新的订单，交纳货品，应收账款就不断增加。还有，即使中止接单，付款就此停滞的话，一旦对方公司倒闭，欠款就再也收不回来。

所以，要观察对方的情况，如果支票是3个月有效的就观察3个月，4个月有效的就观察4个月，为了保证收回债款，必须"监控"对方的公司。

察觉破产迹象后应该采取的行动

还有一种情况，就是没有收到支票，可应收账款已经堆积了3个月。这种情形十分不妙，而对方的情况也很怪异，在这种情况下，对方也陷入了资金周转不灵，马上就要倒闭，经济拮据，根本没有余力支付货款。在过往的经营生涯中，我也曾遇到过这种情况五六次。

那是我还年轻时候的事情。晚上销售向我报告"客户那里有许多形迹可疑的人在仓库附近转悠，很古怪"。之前就听闻那家公司情况有异，可能会破产，于是我马上吩咐销售部长，"马上跑去客户那里，看看是什么情况"。

我们还曾经从对方的仓库中拖回所交的货品。对方累计拖欠了三四个月的应收账款。仓库里只有我们最近交纳的货品，就算拿回来也抵不上应收债务的几分之一,但至少,也要把这些财产拿回来。

还可以去见对方的高层,提出要求:"您公司倒闭的话,我们公司就会有大麻烦。如果您现在付不出钱,用货物冲抵也可以。"对方破产后,后面也会东山再起。抬头不见低头见,将来还有可能不得不与这些人合作,不减少一些纠葛,将来做买卖时很有可能会出现麻烦。

要和对方的领导人说这些话,突然说这种话很唐突,在这之前,首先要与对方有交情。在彼此有交情的基础上说这样的话,曾经有客户说:"过去多得您关照。这次我们给您添麻烦了,这里有一些画,在催债的人涌来之前,您把它拿回去吧,虽然它也许只值区区100万日元。"

也就是在情况不妙的时候,跑到对方那里,与对方的领导人见面,用情打动对方。对方与自己一直关系不错,也不会觉得你在故意为难,只会让你拿走一些东西。曾经有两三回,我也从经营者那里拿到过不太常见的东西。

只要观察对方公司,就会发现对方经营不顺。这时别说继续接订单,而是要赶紧兑现支票,回收欠款,回到两不拖欠的状态。让销售也停止继续接受新的订单,而去收回欠款。

经营者当机立断,吩咐"不要再接这个客户的订单"。可正在为顺利脱身而松一口气的时候,竞争对手乘虚而入,拿走本来属于自己公司的订单。本以为竞争对手会倒大霉,结果大出意外，客户公司却经营顺利，于是那家竞争对手也与客户合作得一帆风顺。

如果出现这种情形，销售就会说："社长，我们做得不太地道。在客户有困难的时候，我们帮一把就好了。如果那时雪中送炭的话，客户会跟我们合作得更好的。"

被员工这样抱怨，经营者也只能一言不发，心中暗想当初帮对方一把就好了。正因为有这样的想法，才做不出这样的事情。因此，与对方一直牵扯不清，能做的也就是在对方最后快破产时，至少在债主涌上客户的门之前跑去追索。这是我们普通人的方法。一般人们并不会为顺利抽身感到庆幸，而是会害怕过早抽身导致失掉客户。

这是一个很难的问题。我能告诉您的只有这些。最关键的，是收款并不可耻。强调收款，无论如何销售会变得困难。一般的常识是拿了订单，总喊着"收款、收款"不太好，但是，收款绝不是什么可耻的事。必须扎扎实实地教育员工，送货拿钱是堂堂正正的商业行为。

经营问答十

为了企业生存,是否应该进入其他行业

⊙ 问题

希望进行新投资,填补销售上的窟窿。将来,逐步打造一个创收的主力业务。为了企业生存而进入其他行业的相关问题。

□ 塾生问

我们是某汽车公司的大型卡车、巴士代理商。主要业务是修理、销售4吨以上的巴士和卡车,而副业涉及海产品、肖像画、化妆品、土木工程等多个行业。资金一亿日元,员工171名(其中11名是兼职或临时员工),是一家创建了53年的公司。

本公司的现状

首先,我说明一下公司的业务发展状况。

虽然现在大型卡车的需求大幅滑落，可是在1996年，全日本大型卡车的需求曾经一度到达顶峰。当时，我公司也迎来了销售额的峰值，金额高达929 000万日元。具体地讲，新车、二手车的销售为573 000万日元，零部件、维修等服务为354 600万日元，其中车辆相关的销售额占六成，配件服务占四成。同时，销售利润为2.9%，即26 800万日元，经常利润为2.3%，即21 300万日元，员工人数为169人（其中有9名临时工）。

1996～1997年，大型卡车的需求稳步增长。可是，进入1998年后，市场开始发生巨大变化。需求急剧下滑，销售额减少到764 000万日元。销售利润为19 000日元，经常利润为17 100万日元，员工数变为173人（其中临时工8名）。

紧接着，1999～2000年需求同样低迷，根据今年（2001年）3月的财年统计，年度销售额跌至682 200万日元。与1996年度的峰值相比，销售额减少了26.6%。车辆相关的销售额为364 600万日元，配件服务为312 000万日元，销售占比为55%∶45%。另外，副业部分还有5 600万日元销售额。销售利润为23 000万日元，经常利润为14 700万日元。

实际上，上年度（2000年）利润数字跌到10年以来的最低点。销售利润为12 200万日元，经常利润为11 900万日元，跌进了谷底，可是，根据今年3月的财年统计，销售利润增加了63%，经常利润也增长了23%，有了些许回暖。同时，今年4～6月，前3个月销售利润也比上一年度同比增长了35%，经常利润增长了80.8%，数字开始直线向上发展。

刚才我提到1996年度全日本大型卡车需求高涨，我公司在那时也创下了最高销售纪录。当时在全日本，4吨以上的卡车销售了18.9万辆，这是有史以来的最高销量。我们县在经济圈中占1%，县内4家公司销售了1 850辆，其中有680辆由我公司售出，我们取得了超过三成的市场份额。

1997年还保持一路好景，然而，从1998年开始，需求急剧下滑。次年，也就是1999年度，县内需求跌到最低点，从高峰期时的1 850辆减少到999辆，需求约减少了50%。

根据今年3月的年度统计，日本销售车辆数持续下跌，减到78 600辆。与高峰期相比减少了六成，需求极度低迷。县内的销售车辆数为1 000辆，其中我公司售出334辆。在全日本持续下跌的情况下，虽然我们县的数字有些许上浮，但还是减少了55%。

提问的主题

尽管需求跌势如此凶猛，但公司经营在这一两年应该还能维持现状，而且，估计还能保住现有的利润。然而，根据对行业未来和物流走势的分析，我觉得企业还是难免呈现缩小的趋势。

另一方面，我们也可以去抢夺竞争对手的市场份额。可是，凭我的经验，再继续扩大市场份额会出现劣质客户，结果很可能导致坏账，换言之，经营会变得越来越窘迫。

现在，我考虑在企业的现有能力范围（资金、人才）内进行新投资，填补销售上的窟窿。将来，逐步打造一个创收的主力业务。也就是说，希望构筑新的业务支柱。因此，我想请教塾长，为了企业生存而进入其他行业的相关问题。

提问背景

我们公司于1947年11月5日创立，今年迎来了第53个年头。3年前举办了50年纪念活动。我是公司历史上第4任社长。

1989年，我在一家汽车公司担任地区部长——这家公司至今还跟我们有业务来往。我们县的工商会会长开口邀请我到他的公司工作，于是我担任了那家公司的社长。原来，是因为第3任社长因病去世，我才能以47岁的年龄接过公司的指挥棒。后来，在53岁时，我正式辞掉汽车公司的工作，转到现在的公司。不再与原先的汽车公司有任何人际关系和派遣关系，成为这家公司的正式成员。

现在，我公司在县内拥有6家营业所，在全县范围内，销售大型卡车、巴士。在大型卡车、巴士公司内，我们是规模最大的，其他公司只有4个业务据点。在县内的业务据点覆盖率上，我们公司占据优势地位。

我接班的时候，销售额为65亿日元，员工数为177人。遗憾的是当时这家公司没有分红，工会运动也非常活跃，因此，我在人事上吃了不少苦头。后来，业绩直线上升，1996年迎来了高峰期。现在虽然如上所述业绩滑坡，但是还持续发放10%的分红。

公司在县内的行业地位，在大型车代理商中，无论是市场份额还是纳税都名列第一。包含家用汽车在内，全县33家汽车代理公司中，我们的收入排行在第三四位。

在这个公司走马上任以来，已经12年了，请允许我把至今为止采取的措施逐条归纳，进行说明。

第一，以业务据点为中心开展经营。我的思路是业务据点不盈利，公司就无法盈利。

第二，社长方针清晰化。每6个月一次，把社长方针白纸黑字明确地写下来，发给各个据点，进行指挥。

第三，制定社训。公司过去没有社训，于是我把"信赖的纽带"作为社训，同时我认为，应该在重视员工满意度（ES）的前提下，提升顾客满意度（CS），旗帜鲜明地提倡"先有ES再有CS"。

第四，有言实行与言行一致。敢于攻克难关，说到必定做到。

第五，激发信念，树立意识。保障员工饭碗和纳税是基本要求，每一个月都不能亏损。我公司在行业环境变化的情况下,员工几乎没有减员,这是因为"不裁员"是我的原则。

第六,保持占据行业第一的地位。市场占有率持续保持第一。

在推行措施的过程中,固然多少出现了一些问题,但在两年半内,我争取恢复了分红。同时,在泡沫经济崩溃之后,公司也没有出现大问题,到1996年为止,公司业绩直线上升,发展一帆风顺。

还有,为了提高员工意识,构建本公司的利润主干——服务业务,我花费了5亿日元,重建了2个业务据点,加强对顾客的跟踪服务。结果,入库新车选择回来检修的比例也达到了全日本一流的水平。在生产效能方面,零配件、服务收益等这些被我们行内称为销售成本覆盖率的数值㊀达到了113%,在体制上实现了即便不销售新车也能盈利。

但是,另一方面,经营上有些事情避无可避,那就是新车竞争。市场销售混乱不堪,毛利率低下。我想,其他行业可能也有类似情况,商业环境恶劣,毛利低得难以想象。根据车贩联(日本汽车贩卖协会联合会)的调查,毛利率在0.1%以下,事实上,低于0的代理商竟然高达七成。

塾长:是0吗?

塾生:是的。利润率低于0、亏损销售的占了七成。从商

㊀ 销售毛利/销售成本,汽车厂商以非新车销售的零配件、售后服务等毛利能冲抵多少销售成本费用作为盈利能力的衡量指标。——译者注

业的角度而言，汽车销售这个世界简直不可理喻，我也许不该在这里讲这些，但还是忍不住讲了出来。

尽管我觉得这个行业欠缺道德伦理，不可以常理论之，但既然身在其中，就要奋起迎战。现在，我率先揭起独立自主的大旗，为了不被牵扯进厂商的代理混战，正努力提升发言权，完成代理商应尽的利润义务和市场责任。

只是，行业的全球性重组对行业产生很大的影响。我想大家都知道戴姆勒－奔驰和克莱斯勒的DC(戴姆勒－克莱斯勒)、雷诺和日产、沃尔沃的卡车业务和三菱，以及由DC出资、戴姆勒介入韩国大宇汽车等重组事件，企业重组来势凶猛。

还有，我们卡车的载重外形和业态的变化也受到了很大的影响。过去的卡车是重厚长大型，现在讲究轻薄短小、少量多品种，这是因为削减物流成本和收缩过剩生产带来的需求。物流是绝对不可能消失的，但货物的量在减少。所以，我们卡车和巴士事业是成熟产业，前景有限，特别是巴士。我想现场的来宾大概没有人是乘坐市内巴士前来的吧。乘坐旅游巴士的人也在逐渐减少，自然巴士的需求也就下跌了。

正是因为如此种种，我判断卡车、巴士的需求将逐渐衰退。能稍做期待的是2002年将要实施的颗粒物气体排放规则对内燃机部门有影响。只是，这只能使需求略微增长，决达不到安稳的程度。还有，现在虽然传言日本经济整体在逐步回暖，但在这几年的经济寒冬中，运输建筑行业消耗了大量实力,要购买新卡车、巴士不得不需要一段时间。

增加销售额的尝试

在这样的行业环境里,我们公司保持着33%~34%的市场份额,可是,正如前面所说,如果继续扩大市场份额,坏账也很有可能增多,所以我在思考,如何以现有程度的市场份额把经营维持下去。

因此,我公司必须考虑对外销售配件及开发低风险高回报的保险业务,可是,从刚才所阐述的行业形势判断,市场一味平稳收缩,这样的话,我也无法把公司完全交托给未来的接班人。从这个意义而言,为了使企业基础安稳如山,我们必须谋求销售额的增加。

我们增加销售额的第一个尝试,是1995年开始从事海产品销售。这里有一些我个人兴趣的因素,通过我的朋友从塔斯马尼亚进口鲜活龙虾和鲍鱼,批发给酒店、料理店、寿司店等。众所周知,现在市场不景气,所以我们一年的销售额最多到5 000万日元的程度。虽然已经有了固定的客户群,但目前估计对增加销售没有什么帮助。但是,现在我还不打算放弃。第二个是变更业务许可范围,从事网络绘画(肖像画)业务。这个业务我不打算投入人工费。第三个是打算销售除雪机,及开展土木工程业务。在土木工程方面,从事的是JR的地下管道(埋在地下的、排水用的陶管或水泥管等)专业工程。第四个是考虑利用互联网销售二手卡车。

在这些业务中，销售额预测能达到上亿日元规模的是JR的管道工程及相关的派生业务。只是，这对我们而言，是全新的业务，因此我们跟JR之间采用高层往来的方式，一点一点地开始接洽业务。预计这个业务未来将有1亿～5亿日元的销售规模，附加价值比较高。

所以，我想请稻盛塾长指点迷津：虽然我们的主营业务是销售和维修卡车，可放眼未来，我们是否应该挑战不同的行业，以适应时代的变化？不过，我们只考虑在企业资金、人才能力的许可范围内进行挑战。当然，这必然伴随着风险，所以我希望能够尽早看清可能需要承担的风险，并尽早找到新事业的适当切入时机。

进入新行业的问题点

我公司是大型卡车、巴士的代理商，同时从事维修和零配件销售。我们比较容易上手的工作有租借租赁、救援车业务等。特别在邻县，每到冬天就事故频发，苦不堪言。那些事故车辆也需要用救援车牵引。总之，虽然也可以进入行业相关的派生业务市场，但是，目前我们的客户也在从事这些业务，我们正在与他们竞争。即使与客户发生业务上的冲突，我们也应该进入这些行业吗？我十分迷茫。

接着是JR的管道工程。与电车轨道平行的侧旁有排水沟。

虽然乘坐电车时看不见，但与这些排水沟呈90度角垂直方向，有类似梯子一样的横管，修理这些管道的工作就叫作管道工程。虽然只是修理直径30～50厘米的陶管，却是十分辛苦的作业。电车轨道不可能只在城市中穿行，90%以上在田野和山里。修理这些管道需要特殊技术，就连到达维修现场也非常困难。

当然，县内的JR管道有专业公司从事管道工程，为什么我们还要涉足这个业务呢？这是有来由的。我们公司在修理管道工程时使用的是特殊车辆，是一种叫作摄像车的昂贵产品，能够自动在管道中前进200～300米。同时，还有吸淤泥的真空吸污车，以及清扫陶管内部的高压清洗车。如果这些车辆在到达作业现场之前就出现故障，管道工程的专业公司修理不了。因此，考虑到既要能修理这些专业车辆，还要能从事管道工程，JR和现有的工程管道公司左思右想，最后向我们这些卡车公司发出邀请，而在县内，谈到卡车公司还能是谁呢，自然要数我们公司技术过硬。基于这样的原因，我们被指定从事管道工程的业务。

目前，JR的高层和我开始进行业务洽谈，事情逐渐在向好的方向发展。同时，除了JR之外，道路集团还有建设省也有类似的需求，因为高速公路旁边也有侧水沟和横管。

或者，市镇村也有这样的业务，只不过在市镇村市场方面存在一些问题。我们客户中已经有三四家公司在从事市镇村的下水工程。当然，我们也可以竞争。事实上，我们也接触过这个业务，也曾受到多次抗议。所以，我想请教一下，即便与客户发生冲突，我们是否也应该力排众议，坚持开展这个业务？我的个人想法是放弃市镇村相关的业务，集中往JR、道路集团、建设省方面的业务发展。

此外，根据我公司的实力，还适合进入哪些行业，恳请塾长指点。

没完没了地唠叨了一通，我把问题再小结一下。

事业的发展虽然还算顺利，但观察今后行业的需求趋势，我有极大的危机感，希望尽早采取措施，为下一任接班人打造扎实的业务结构，以便顺利交接。务请塾长指点一二。

◆ 塾长答

多元化必须发挥优势，施展所长，付出不亚于任何人的努力。

以"付出不亚于任何人的努力"多方位、多元化地开展事业

您解释得非常详细，我想大家都听明白了。

我觉得您的想法非常棒。

您经营的是大型卡车、巴士的销售代理业务。随着大型

卡车、巴士市场的成熟，市场需求不断萎缩。实际上的销售额与巅峰时期相比也大为减少。为了让接班人顺利接棒，您极尽所能寻找出路，提升销售额。您身为社长，有十分强烈的责任感，我很欣赏。

您是第 4 任社长，原本在一家汽车公司工作，被销售公司的老板请去出任第 4 任社长。您虽未满 60 岁，却未雨绸缪，打算让位给接班人。为此，虽然现在公司还在盈利，您却看到销售额逐年下滑，于是想方设法，想找到确保销售额的方法。如果像过去一样，仅仅依靠销售卡车和巴士，发展有限，所以您希望通过拓展其他行业，以保证销售。于是，您想问一问这样是否妥当。

迄今为止，我个人通过一次又一次的技术研发，进入了其他行业。之前，京瓷创立 40 周年时，新建的总部大楼中设立了京瓷精密陶瓷馆，陈列着我们研发的产品。这 40 年间，我们的技术研发令人叹为观止。品种数量繁多，涉及的行业也多种多样。同时，市场也遍布世界各地，结果今年的销售额为 12 000 亿日元。41 年前，京瓷不过是一家只有 28 人的小微企业，现在却达到了如此规模。

也就是，我们接二连三地在不同行业开拓了事业。我在年轻的时候，说过要"多方位、多元化地拓展事业"。多方位包含两层意思，譬如说，起初我经营的是电子工业领域的业务，后来不仅仅在电子工业领域，还想在机械行业开拓市场，然后又想在医疗产业拓展事业。如果把一个行业领域的市场作为一个方位，那么，这就是多方位地展开事业。

同时，如果仅仅发展日本市场，一旦日本陷入萧条，公司也会随之败落。所以，只要能在美国、欧洲等其他国家和地区的市场上站稳脚跟，即使日本萧条，只要美国市场景气，我们公司就能保持稳定的经营。

也就是，跨行业开拓市场，同时跨多国开拓市场，这就是我所说的"多方位的开拓"。还有，我把利用技术开拓新事业叫作"多元化"，认为"公司要发展，必须多方位、多元化地拓展事业"。

然而，多方位多元化地拓展事业就意味着必须从事各种各样的事情。比如，您虽然身为卡车、巴士的代理商经营十分出色，获得了一定程度的成功，可一旦进入其他行业，就会出现专业公司与您竞争。您一边要像过去一样，销售卡车和巴士，保持县内30%的市场份额，一边还要经营其他行业。可是，领导者只有一个，所以这一个人必须面面俱到。尽管可以培养部下，把既有事业交给他们打理，但领导者还需要分出两到三成的精力照顾既有的业务。领导者把自己的七八成精力放在新事业上，但对于竞争对手而言，这些事业却是主营业务，付出的也是100%的精力。这边不得不分散精力，而对方却100%集中精力，所以新事业的经营十分困难。假设再开拓一个新的行业，精力就要分作3份，可是，不管在哪一个行业，竞争对手都以 100% 的精力全力发起猛攻。

我认为，要想把公司规模做大，就必须多方位、多元化拓展事业，这是绝无仅有的途径，可是，由于自己的精力分散，将导致风险大大增加。但是，即使有风险，也必须多方位、多元化拓展事业。

这种时候，就必须"付出不亚于任何人的努力"——这是我经常向各位提到的京瓷哲学之一。即是说，如果自己要把精力分成 3 等份，工作上就要付出 3 倍或 4 倍于人的努力。这样，即使看起来只使用了 1/3 的能力，但却比对手，或者比那些懈怠之人的 100% 更加聚焦。所以，如果想多元化拓展事业，就要做好心理准备，比别人努力数倍。如果无可无不可地推行多元化，风险将大大增加。然而，如果不推行多元化，公司就无法变大。

彻底发挥特长，决不隔空飞子

在现实中推行多元化时，我考虑过很多问题。

刚才，您说知道自己拥有的能力，想在这个能力范围中挑战新事业。我在推行多元化的时候也十分担心，有过类似的想法。

我对自己的一技之长，也就是自己拥有的技术十分有自信，认为在日本业界，不比任何人逊色。甚至，在国际上也不逊色。我的想法是利用自己这一行之有效的技术拓展事业，进入能让我施展一技之长的行业。

不能一味考虑某个事业是否赚钱，盲目地出手，而是要凭借自己的一技之长开拓新事业。这与您所说的想从事适合自己能力的业务是一个道理。

比如，我首先有精密陶瓷技术，精密陶瓷属于矿物结晶的范畴。既然是这个范畴，那么不仅仅局限于现有的电子工业，是否能进入宝石领域，或者是否能进入太阳能电池这种硅结晶的领域？就像这样，我在自己一技之长的延长线上考虑事业的拓展。

我不常下围棋，不过在围棋中，扩张地盘的时候，必然要连着活子下棋。如果隔空飞子，就会被对方阻截。用在多元化上，就是要连着自己的本行这个活子下棋，这样才不会死，也不会被别人截断。也就是，我的想法是在自己一技之长的延长线上决一高下。

当我告诉员工这个想法时，除了用"隔空飞子"来形容，还举了柔道的例子，"比如说，我很擅长柔道，绝招是过肩摔，于是就彻底地练习过肩摔，不管遇见任何对手，都用一招过肩摔解决。"在柔道世界级选拔赛上，也有一些选手单靠一招过肩摔晋级。甚至，即使不够位置施展过肩摔，有些选手也要弯下腰，膝盖跪地，身体稍稍离开榻榻米，用很低的体位使出过肩摔。所以，我告诉员工："彻底发挥自己的特长，使其通行四方,千万不能隔空飞子。"在积累了许多经验之后,我开始能隔空飞子,但刚刚开始的时候,绝对不敢这么做。

只要具备领导力,就能从事其他工作

刚才我所说的两点是推行多元化的前提。

您充分地考虑了自己公司的能力,希望在能力范围内挑战新事业,接受了JR的管道工程业务。这个业务未来将有1亿~5亿日元的销售规模,如果同时承接市镇村的下水道相关业务,事业规模将扩展得更大。但是,这有可能会把过去的客户变成对手,因此您有些犹豫不决。不过,您拥有的特长被客户JR发掘,特意请您公司提供服务。我认为,这正是您运用所长、大展拳脚之地,即使与既有的客户产生一定程度的冲突,也应该坚持。

虽然有些过意不去,但这是生死存亡的竞争。自由经济中毕竟有竞争存在,有时进入自己客户的行业,与客户发生冲突,或许是无可奈何之事,毕竟自己也要生存。管道工程是您可以发挥特长的领域,您一定要坚持。

同时,您说开始经营生鲜食材之类的业务,不过已经不做了。

塾生:不是不做,而是无法做得更大了。

塾长:这类业务非您所长,您也没有任何优势。您说是因为个人兴趣，所以想经营生鲜活虾鲍鱼——因为喜欢所以经营——这提高了经营的风险。没有任何优势长处，单凭自己喜欢、有一点兴趣就出手尝试。不过，您也说过，这个业务无法做得更大了，所以应该不会再继续扩大了吧。

塾生：我的意思是不再投入人力和费用。

塾长：嗯，这样还行。

听了您的话，我想到您还有一个自己尚未意识到的特长。

您在12年前是一个工薪族，在汽车公司工作，而现在这家卡车、巴士代理公司的社长亡故，您接受老板的邀请当上社长。当时这家公司没有分红，工会十分强势，公司内部钩心斗角，乱七八糟。

您走马上任以后，用两年半时间重整这家公司，恢复了分红。之后，在泡沫经济崩溃、一片萧条之际，您还能稳住经营，没有亏损。虽然利润有所减少，但经常利润最差也能保持一亿几千万日元，维持着公司生存。在这样不景气的市场环境下，在泡沫崩溃的大萧条中，公司即使亏损也不足为奇，但您却能保持盈利。

您说您在县内设立了几处销售门店，比其他代理商数量多。

塾生：多两个。

塾长：您还对每一家店推行独立核算，管理得井井有条。这是非常重要的。一般人都是眉毛胡子一把抓，但您却采用了事业部制。还有，与我在京瓷推行的阿米巴经营一样，您还查看每一家店的核算数字。

无论多小的事业，比如卖点心的小卖店，都应该通过独立核算掌握店铺中的数字。生产也是，如果有许多产品品类，就要分别细看每个品类的核算数字。如果是门店，要每个门店分开进行核算管理，但一般人却没有采用这个法子，而是一揽子管理。可是，您却做得十分出色。

而令我诧异的是您在出任社长后，以6个月为单位，明确地指示、传达社长方针。本年度要这么做，销售额是多少，要有多少的盈利，全部描述得清清楚楚，并每6个月把它白纸黑字地写下来，通告员工。

而且，您还制定了"信赖的纽带"这一社训，客户固然重要，但首先要重视员工——您提出这一方针，把公司团结起来。您还提出有言实行、言行一致的方针，并一边以身作则，一边对员工提出要求。然后，您又提出以保障员工饭碗和纳税为基本思想。您宣布要保住员工的饭碗，不解雇员工，同时还要产生利润交纳税金，请各位员工竭尽全力，迄今为止没有亏损过一次。您还宣布要保持行业第一的地位，事实上也做到了。

一介打工族变成社长，出色地做了6件大事，并通告员工，并且只要说到就贯彻到位。换言之，您有很强的指导能力、出色的领导力。因此，在走马上任后短短两年半时间，公司就恢复了分红，之后还一直保持盈利。

您过去虽然是个打工族，却一下子变身为经营者，而且，还成为经营者中具备出色领导力的佼佼者。我觉得很了不起。也许我夸奖得有点过分，但这是事实。

只要具备领导力，也就是，只要实践您刚才提到的6点，就算经营其他事业也能获得成功。新事业即使不在您一直从事的代理商的延长线上，也一样能行得通。

创办承包型风险企业

在这里，我想起一件事情。今天我也被这里的县知事拉去出席了恳谈会，会议开头我要讲30分钟话。我讲话的主题是21世纪这个县应该如何发展，这个题目很难。不过，我不可能说不知道，所以凭着自己的一些想法，说了以下的一番话。

"我这次到这里，其实有一点郁闷。今天，我去了市场，看见有卖又大又好的沙丁鱼。我很喜欢吃沙丁鱼，想用它做刺身，可是，它虽然很新鲜肥美，但是3条要卖250日元，5条要卖350日元，价格和京都超市差不多。看看蔬菜，价格也跟京都差不多。日本全国的价格都很均一。

"昨天晚上，我也跟当地的经营者一起用餐。当时，我也问了拉面和乌冬的价格，不管是京都还是东京，一碗拉面的价格几乎没有差别。这里也一样，听说一碗拉面要700日元。这是什么原因呢？乡下的人力成本应该便宜一些，材料也应该比较便宜，东西也应该又好又便宜才对，为什么价格会那么贵呢？

"如果大家更加努力地拼命工作，以低成本生产，低价格供给，购买产品的本地人生活成本就会减少，而他们也能把生产的东西便宜地供应给大家。大家这样连续不断地低价供应，整个城镇就会变得易于生活。不要害怕辛苦，大家都一起努力奋斗，生活就会变得越来越好。即使收入不如大城市，只能拿到城市六七成的薪水，可是因为物价便宜，生活水平比大城市还要高得多。

"这个县不能跟中心城市一样。大家常误以为，这里只能从事第一产业，生产农产品和水产品，但我觉得，只要有比城市人更强的拼搏精神，就应该去做大企业的分包商。做分包商也许让人感觉有点掉价，但在这个地方建工厂的话，比起大城市，土地、物价、劳务费都很便宜。

"在电子行业的世界中，日本制造也是非常强大的。所以，今后日本应该继续坚持从事制造，但同时，在国内制造的话，成本居高不下，所以大家纷纷到东南亚，尤其是中国建立工厂。那么，日本就不需要工厂了吗？并非如此。日本农村土地便宜，劳动人口众多，而且工作认真，所以我认为大家可以去做大企业的分包商。

"即使没有技术，只要成为分包商，大企业会传授所有技术。有时，还会出借生产设备、机器，对应地，大家要募集优秀的员工，以低成本制造。如果大家制造的东西能比日本任何地方都便宜，不管是电子工业还是任何行业，要建多少分包工厂都可以。同时，在这里出现这种承包型风险企业，完全不足以为奇。"

这就是我今天说的话，如果创办风险企业承包业务，技术有人教，生产方法也有人教。可是，这需要经营者具备领导力。

也就是，只要有您所列举的6点措施，募集二三百人，只要有人能发挥出优秀的领导力，从事经营，即使是完全陌生的行业，即使是生产制造，也做得了。当然，年近60的您也必须亲自投身工作，不惜粉身碎骨，还必须教育员工，让他们比大城市劳动者付出更多的努力。

事实上，我问了一下县里工厂招商的土地价格，绝对谈不上便宜，甚至还有些昂贵，物价也并不便宜。所以，人们也没有必要专程来到这里工作。

可是，只要您能好好珍惜代理卡车、巴士积累的成功经验，即便在制造业也能有所作为。到时，您的目的就不是维持代理商的既有业务、保障销售额。我觉得，这个事业就算持平或收缩，您也仍然可以继续从事下去，而另一方面，您可以以全新的公司或事业部开拓新事业，只要整体销售额保持增长就可以了。

经营问答十一

进军海外及拓展新事业的方法

⊙ 问题

一位经营者在日元不断升值的形势下，请教进入国际市场的判断基准，及开展新事业的关键点。

□ 塾生问

1 美元兑 100 日元的升值会到来吗？

首先是关于日元升值的问题。最近电视、报纸中，关于日元会升值到 1 美元兑 105 日元，甚至兑 100 日元的话题被炒得沸沸扬扬。我们是做零部件材料的厂商，面对这种形势，正在纠结今后应该如何应对，何去何从。按照这样的趋势，消费市场是否也会保持日元升值的走势？还是只需稍微忍耐，日元就会重新走低？应该如何预测？

其次，如何判断中小企业是否应投资国外生产？判断的依据是什么？

最后，我们为了应对日元升值，正在拓展新事业。此时最需要注意的关键点有哪些？

以上三点，请塾长不吝赐教。

◆ 塾长答

人才是事业的关键，进军国外的成败也取决于人才。

拥有独特的技术是在国外生产的第一道关口

您问的是日元是否会保持上涨的趋势，我个人认为还会继续升值下去。现实中不是已经出现了1美元兑换100日元的情况了吗？

当然，如果以5年或10年的时间跨度来考虑，日元非常有可能转向贬值。从购买力评估的角度看，现在美元和日元的关系，日元过于高企，长远看来，极有可能走向贬值。只是，这几年大概会保持升值的态势。您在企业经营中应当做好这个心理准备。

您所询问的问题是因为日元升值，所以您打算在国外投资生产，想请教在进军海外时应该拥有什么判断基准。可是，这个问题事实上我自己也一直很伤脑筋，是否能给您建议还是一个疑问。

是否应该在国外投资生产，我想，应该首先看行业。您是制造用于电子零部件的塑料材料的，如果这个事业受日元升值很大，当然应该到人工费比较便宜的东南亚、中国等其他国家去。可是，如果这样做，重要的是这个业务是否非您公司不可。假设您的事业是没有什么技术门槛、谁都能做的工作，那么就没有什么理由专程走出国门，到海外生产。

如果具备雄厚的技术实力，产品无法轻易模仿，那么与东南亚或其他地区的廉价劳动力相结合，就能产生出显著的效果。也就是，如果我们所从事的事业独一无二，技术上有特色，技术无法轻易地被当地搬走，当然，我们就应该走出去。这正是涉足国外生产的第一道关口。

是否有能力出色的优秀人才派驻国外

还有，走出国门最重要的是派驻的人。

假设各位在日本从事年销售额为50亿日元，不，是一二百亿日元的事业。这份事业中的关键人其实寥寥无几。"我们事业的年销售额为20亿日元，实际上都是我们公司的专务、常务、工厂长全部负责"，这种情况十分普遍。"我这个社长有点靠不住，但我们公司的常务十分认真，公司的事都是由他负责"，大家仔细回想一下，就会发现，基本都是这种情况。无论在哪一家公司，关键人都应该只有那么一两位。如果有四五位，大概就会吵起来了吧。在进军海外时出现的问题，是要不要把这种关键人派驻到国外去。还有，是否能持续地派出这种水准的优秀人才。

自己担任社长，不可能把社长的副手，也就是具备实力的二把手派出日本。又懂制造、又懂销售、又懂管理，人品优秀的王牌或三把手，他们是否愿意被派出去呢？"社长，如果日元继续升值，公司就会很危险，我们到东南亚等成本低的国家建工厂吧。我愿意过去做指挥"，在进军国外时，有没有人肯这样自告奋勇，这十分关键。

"你给我出去"，如果靠命令强迫，情况会非常糟糕。

事业取决于人。无论是在日本还是在任何一个国家，是否拥有优秀的人才，决定了事业的成败。

让精通语言的人辅佐

还有一个很重要的因素，进军国外必须懂得语言。三把手虽然懂得业务，但不一定具有语言能力。所以，必须找到精通语言、熟悉当地情况的人担任领导者的副手。

通常，大家认为，熟悉当地情况而且通晓语言的人就有工作能力，往往把这些人聘为工厂长或者当地公司的社长，这是一个很大的败笔。懂得语言、熟悉当地环境和实际情况的人只能当副手，必须要把自己公司中真正具备工作能力的人放在长官的位置上，不管他们懂不懂语言。

首先,现在正在从事的事业是否具备独特性,别人无法模仿。其次,自己公司里有工作能力的精英是否愿意被派驻国外。最后,是否招聘得到精通语言、熟悉当地情况的人担任副手。这三点应该是进军海外的判断基准。

使京瓷走向全球的"愚人战术"

可是,如果因为三把手进驻国外,而导致日本国内的业务人手不足,则毫无意义。所以,是否应该把人派出去是一件令人大为踌躇的事情。不管在国内还是国外,为了攻城略地,必须派出自己的三把手,可是如果为此削弱了总部的实力,一旦出现萧条,公司就很可能被动摇。所以,左思右想,还是很难下决心把关键人派出去。

于是我采取了以下策略。我把总部交给能力出众的二把手、三把手,而身为一把手的自己,亲自赴任国外。如果我赴任,还把二把手、三把手带走,一旦被别人乘虚而入,总部就很可能轰然倒塌,所以要把总部交给二把手、三把手。而一把手奔赴海外时率领的部众应是一直以来在组织中不起眼的人、多余的人。这种把公司里派不上用场的、资质愚钝的人集中起来发起进攻的方法,我把它叫作"愚人战术"。我用的就是这种战术。

这样做极为辛苦,所以我也不太提倡。可是,它有它的优点。这些过去在公司里用不着的人们，正因为在总公司被别人认为派不上用场，反而能精神抖擞地攻取敌人的城堡。比如，在美国创建公司，并成功生存下来，这都是靠这些资质愚钝的人们不断成长，成功地建造起堡垒。换言之，这样做有一个好处，就是能培养人才。

可是，正因为要把这些资质愚钝的人培养成为一流的人物，所以真的非常辛苦。一个战斗紧接着一个战斗，在连番恶战和苦斗中重新锻造他们、培养他们。一把手也要挥舞着大刀领头冲锋陷阵，劈倒一个敌人，再劈倒一个敌人，接连挥刀斩敌，看见领头人这般可怖的气势，那些愚笨的人们也操起竹竿或者其他什么东西，跟着猛冲，直到上气不接下气。可以说，他们在气喘吁吁的冲锋中，学会了战斗的方法，同时，人格也得到成长。就这样，每当攻下一座城池，这些人不再是总部曾经的"窝囊废"，而在为人处世上得到飞跃性的成长。

这种"愚人战术"既能培养人才，又不会动摇总部的根本，有两全其美的效果，但是，由于带去的是这种你指东他打西的笨拙之人，一开始完全无法形成战斗力。可是，即便经历千辛万苦也要让他们应战，我就是完全按照这个战术奋战，走到今天。

所以，虽然现在萧条越来越严重，但京瓷却稳如泰山。销售额虽然有所下滑，但利润却没有下滑多少，拥有非常强大的实力。这是因为主体公司已经没有浮躁的管理干部。因为留守总部的都是那些朴实的、一丝不苟的人们。

这种"愚人战术",来自我在美国建立KII公司的故事。有一个以前经常被我叫作"没用东西"的人在10年后,当上了常务。他说:"难道我现在还没用吗?!你不要再这样叫我了。起初我以为你是激励我,才默不作声地听着,现在10年过去了,我已经是KII的社长,你还说我没用,谁受得了啊!"于是我只好乖乖地道歉。

创立美国公司和第二电电时都经历了这样的过程。在创建第二电电的时候,其实我根本没有动用任何一支京瓷的精锐部队。说起来有点不好意思,我从京瓷调来了一些用不着的人,加上NTT等其他外部引进的人才,组成杂牌军,打响了战斗。

原本,像第二电电这样超过1000亿日元的特大风险投资,从经营负责人到财务负责人,按照常理都应该由京瓷百里挑一的精锐部队出任,由他们发起进攻。可是,如果这么做,主体公司就会变得脆弱。第二电电成功固然好,可一旦遇到日元升值导致萧条、泡沫经济崩溃等,总部变得脆弱单薄,就会被别人指责"因为全力扑在第二电电上,京瓷主体即将垮掉",我是不会采用这种方法的。

采用"愚人战术"作战的结果,就是母舰京瓷在今年3月,单一公司核算年销售额3000亿日元,实现经常利润380亿日元。加上美国、欧洲,集团销售额为4300亿日元,税前利润为490亿日元左右。在这样恶劣的市场环境下,许多公司销售额跌了一半,甚至七成,我们公司的经营却保持着稳健的步伐,拿出了优秀的成绩。

另一方面,靠杂牌军创建的第二电电销售额为 2 300 亿日元,经常利润为 230 亿日元。同时,在全日本有 8 家移动电话公司,本年度这 8 家公司销售额共计 1 000 亿日元,经常利润为 150 亿日元。那么,包括移动电话公司,仅第二电电集团就有 3 300 亿日元的销售额,380 亿日元利润,规模几乎与京瓷单个公司相当。

也就是,当进攻时采用这种战术,能取得巨大的成果。可是,这种战术需要总司令具备强大的力量,而且还伴随着极度的辛劳。

没有受尊重的领导者,就没有主动的员工

比照刚才我所列举的进军海外的诀窍,我们来看一看京瓷。

首先,"是否具备他人无法模仿的业务、技术"。我们公司的技术并非随处可见。尤其对于美国半导体产业而言,京瓷的封装是必需品,我们在技术上占据着明显的优势。

其次,"三把手是否愿意被派往国外"。京瓷并没有像我刚才所说的那样派出三把手,而是身为一把手的我带着一群所谓的没用的家伙出去。可是,带着这样愚钝的人出去会非常辛

苦，所以我才对各位说，要派出三把手。

最后，"是否能招聘到精通语言、熟悉当地情况的人为副手"。在国外确实需要语言，只是必须要注意，并非语言能力强就一定代表业务能力强。

语言要求的是记忆能力，而业务要求的并非记忆能力，而是洞察力、理论能力。所以，在学校成绩优秀，也就是因为记忆出色而获得好成绩的人在实际从事业务时，反而派不上用场。业务需要的不是记忆力，而是洞察力和理论能力。我就是在自己身边配备了懂语言的人，把事业做下来的。

还有一个问题。你也是把制造工厂搬到国外，这样的话，工厂长或社长不到现场指挥，工厂就无法运转。假如是商社，只要指示卖这个吧、如此这般定价、这样做销售等，依靠授权的方式也勉强能够把工作做下去，但是搞生产不能这么做。"不许这么做""必须这么做"，全部都是命令形态。不这样的话，产品就会报废，也会造成投诉，无论如何都会变成命令的形式。这种命令形式，在进入国外，特别是白人社会，会成为问题。

我在1971年第一次在美国开设工厂。1971年离二战结束不到20年。在建设新厂的过程中，必须要下命令，但当时进军国外的公司都做不到，那之后也如此。因为无法下达命令，所以到美国、欧洲办厂的公司都不太成功。

当时，以白人为中心的社会对我们这种有色人种，或者说黄种人抱有偏见，同时还有一种优越感。还有，我去美国时不过是战后20年，对方还有一种在二战中战胜日本的意识。事实上，我们工厂还有参加过冲绳战役的美国海军及硫磺岛战役的人。我不得不给这些人下命令。"战败的日本鬼子竟然命令我们"，他们这样想，根本不听我的话。当时，我也怒道"我不需要你这种人"，和对方大吵一架，那场架激烈得令人脊背发寒。

战后，我们在学习工人管理的时候，曾经学过"不要当众骂人、批评人"。工人管理咨询师教我们，在批评人的时候，要顾及当事人的颜面，次日把对方叫到自己的房间，慢慢地晓之以理，这才是用人的技巧。可是，那是在民主主义社会较重视人际关系的劳资关系、管理工人的方法，事实上，在现场工作过的人都知道，那样拖拖拉拉地不可能做好工作。事后即使想再讨论也已事过境迁，而且，如果有那么多空暇把这些事一件一件地记下来，日后再讨论，公司早就倒闭了。必须当场批评，即时发作，这是无可奈何的事情。还有，因为批评一下，人际关系就破裂的话，只能证明这些人际关系本来就不牢靠。必须事前就建立经受当众批评也不会破裂的人际关系。

在盛和塾中，大家在酒话会促膝交谈，也是为了相互了解脾性，即使有抱怨也会相互原谅。我对各位说过，要把这种盛和塾的风格带回你们公司。正是因为像这样偶然一起吃饭喝酒，不客气的话才说得出口。如果说了别人几句，或者被说了几句就马上反目成仇，关系这样脆弱可不好办。

话题扯远了。我刚到美国开办工厂时，实际上周围的氛围十分险恶。那时，我想到的是靠权力、权威无法驱动人。在日本国内也有这种说法。因为我是社长，所以人们就阳奉阴违地跟着我。可是，当一个人内心充满轻蔑的时候，即使表面上假装工作，工作效率也不会提高。这是一般公司常见的情况。要想让员工真正地行动起来，就要获取员工的信赖和尊敬，"我们公司的社长的确很出色。只要是社长说的话我就听……"，至少要得到员工这种程度的信任和尊敬，否则，员工必定不会主动行动。表面上唯唯诺诺地服从社长的命令，内心却既不赞同也不尊敬，仅仅机械地服从社长的命令行动，这样的关系十分脆弱。

这个道理放之四海皆准。这是社长的命令、是工厂长的命令……员工磨磨蹭蹭地跟着走，自然还会引发工会问题。一个不被信任、得不到尊敬的社长抛出严厉的指令，长此以往，积怨渐深，当然会出现劳资问题。

在我公司的美国工厂，美国汽车相关工会连日在上下班的节骨眼儿来分派传单。上面写着"在外资企业工作的劳动者，大家团结起来！""加入我们工会，马上就能帮您赢取更好的条件"，这种状况一直持续了好几年，而且必然有拥护者出现。每当这时，公司向员工仔细说明经营状况，由员工自由选择。

可是，在我们公司，尽管员工受到外部专业组织多次煽动，企图发起工会运动，最后还是没有成立工会，那是因为领导者受到员工尊敬，结果工会建不起来。尤其在国外，被派遣的人必须在日本也是个人物，要让大家赞叹"那家伙果然是个出类拔萃的人"，如果不是这样的人，员工是不会跟从的。

同时，如果这个优秀的人不懂语言，就需要像刚才所说的一样，给他找一个精通语言的人做副手。这是因为需要词汇量。尽管人品再好，这个人是不是真的出色，不交谈的话不会知道。在相互交流的过程中，这个人深厚的修养、出色的思维方式才会为人所知，才会受到大家的尊重。所以，语言是很必要的。

新事业要靠一技之长决一高下

您第三个问题是问在开拓新市场或者开发新产品，也就是在开拓新事业的时候，有没有什么需要注意的地方。刚才我说过的"什么是自己的特长"，这是第一点。

比如，在柔道中，假设最拿手的是过肩摔，那就要埋头苦练，直至把过肩摔练成绝招，水平不亚于任何人，只要做到这一点就可以了。并不是从下外绊子到内勾腿招招都要学会学精，而是埋头苦练自己的拿手技术，使它成为炫目的绝技，有这么一招就能发起进攻。

进入新市场，或者开发新产品时，首先要思考自己公司到底有什么特长。比如，那个人最擅长销售，在卖东西上他不逊色于任何人，那么让那个人去卖任何东西都会成功。这是一样的道理。

我在发展京瓷的过程中，只制造自己最拿手的技术延长线上的产品。就像CRESCENT VERT，生产电子零部件的京瓷生产宝石，看起来就是八竿子打不着的行业，但宝石也是矿物结晶，也在精密陶瓷技术的延长线上，属于同一个学术类别。人工造骨也是如此，利用硅结晶制造的太阳能电池也是如此。在精密陶瓷中，结晶技术是最擅长的领域，这些产品全部都属于结晶技术。虽然外形不一样，但基本技术是共通的。在这个基础上，"走这条路我不会输给任何人"，我紧紧抓住这点，一路猛冲，与人一较高下。

我不懂得下围棋，但是如果用围棋打比方，这就是"绝对不要隔空飞子。围棋水平不高也没关系，但一定要把棋子连起来"。有一点自信后，也许可以"跳马"㊀，但是京瓷并没有这样做，而是一个子连着一个子地走到今天。

㊀ 在围棋中如同"马走日"的走法，在对方棋子的纵2目、横1目，或者纵1目、横2目处落子。——译者注

仅带着哲学来到第二电电

在整整 10 年前,一直号称只会利用自身一技之长发展事业的我却隔空下了一颗飞子。那是一家叫作第二电电的、和我过去从事的行业完全不同的事业。但是,这个事业的拓展也并非毫无根据。

京瓷成功之后,许多评论家和各界人士纷纷发表言论:"稻盛先生,京瓷获得了很大成功。不过,您本人也没有想到,在这个时代精密陶瓷会这么大受欢迎吧。稻盛先生,您身为一个精密陶瓷的技术人员,赶上了精密陶瓷辉煌绽放的好时代。您真幸运啊。"这是夸奖的话吗?我听着怎么都不太对味儿。

不,并非如此。精密陶瓷即使在现在也是十分朴素的产品,是我把单调朴实的精密陶瓷变成了高科技。并不是先有了这一潮流,然后我赶上了这股潮流,而是我创造了这股潮流。

在京瓷大获成功之后,我在自己所擅长的精密陶瓷这一专业技术领域努力深耕。还有,具备相同威力,或者说产生了更大效果的,实际上是企业家的精神,也就是"京瓷哲学"。

我过去一直在读松下幸之助先生的书,学习幸之助先生的哲学。期间,逐渐形成了这样的思想:"即便拥有相同的才干、相同的能力,也不会产生相同的成果。一个人拥有的思维结构将大大地反映在事业上。事业的经营取决于拥有怎样的心态、怎样的心灵坐标。"所以,我向员工讲述京瓷哲学、经营哲学的必要性,同时自己也不断地把它融入体内,化为己有。

可是,我越这么说,包括那些评论家在内的人们越执迷于具体的表象:"经营哲学、经营理念,还有什么企业家精神也许有一些影响,但起不了多大的作用。最重要的是您有才华,您是一个优秀的技术人员,您公司的销售很优秀,所以您才获得了成功。"

并不是这样的。如果对这些表象层层剥笋,穷追极究,最后,在最底层贯穿始终的就是企业持有的哲学理念。正是因为具备出色的哲学理念,企业才能有大发展。京瓷成功最大的原因即在于此。

可是,大家却说:"讲那些类似精神修行的东西,岂不是像在说梦话?你的意思是经营就是那些类似思想训话之类的东西,太可笑了!"而且,越是知识分子,越倾向于这种论调。这种论调不仅仅出现在公司之外,连公司内部也一样。虽然和我一起含辛茹苦才当上社长的人和他下面的其他管理干部都明白,但那些在京瓷有了一定名气后才加入公司的一流大学毕业生,尤其是半路跳槽进公司的人,没有一个想了解哲学理念的内涵。因为他们认为,企业经营不是取决于企业哲学,而是取决于技术或能力,只有靠技术,经营才会有大发展。

我常常说,领导者应该拥有怎样的秉性和精神状态,乍看起来似乎和企业经营扯不上关系,而且也许还很简单朴素。事实上,它决定了企业的经营。可是,我越这样讲越是枉然。

于是，我就试着实践看看——这个实践开始于第二电电。而且，我打破了自己定下的、"只从事能发挥一技之长的新事业"的铁一般的规则，出去拓展自己毫无关系也毫无经验的未知领域——通信网络事业。我唯一的武器只有京瓷哲学这一经营哲学。揣着它，我走上了战场。

胜败的结果就是我刚才所说的那样。公司发展得十分顺利。尽管我完全不懂技术，却能把懂技术的人纳入麾下，冷静地倾听他们的话，剩下的就是用经营哲学决策。领导者应具备的心态决定了经营。我用第二电电证明这一点，而且事实上也证明了。我希望把它传授给各位，因此开办了盛和塾。

有点跑题了。要开拓新产品或者新市场，首先要凭一技之长分个高低，这是第一点。

第二点是人才。而且就靠一个关键人。京瓷推行多元化、从事了各种各样的事业，每个事业靠的都是一个人。我在从事新事业的时候有两条路。有时灵光一现，"就是这个事业"，先找到事业；有时是先找到人，再打开事业，无论哪条路，人都是最关键的。

即使想从事某个事业，但马上就具备能力的人凤毛麟角，一万个人里只有一个。所以，即使有想法，但找不到人就不能做。没有人才却勉强上马，必定会遭受惨败。从自己的部下里找到真正在这方面有前途的人，真的只要找到一个人就可以。剩下的就是把事业交给那个人。成功拓展新事业的要诀就是发现人才。这是第二点。

只是,经营者心怀期待、委以重任的对象也有两种人:一种是在初期阶段制造产品时十分成功,却缺乏续航能力,难以持续的人;另一种是起步不行,但后续能力很强的人。但不管怎样,人才还是最关键的要素。

我发现"这家伙很优秀,让他负责点事情",于是把他提拔为事业部长,结果获得成功——这样的成功案例有很多。同时,在公司外面遇到自己认为优秀的人,"你要不要来我们公司?我会把这个工作交给你",然后把工作委托给这个人,结果获得了成功——这样的例子也有过。有能力的人的确能发挥作用。发现人才虽然很困难,但这是对经营者十分重要的要求。

经营问答十二

接受并购整合邀请的判断基准是什么

⊙ 问题

一位从事人寿保险、财产保险代理的经营者正为是否接受同行提出的M&A（并购整合）邀请及并购的出发点是否真正为了公司和员工而苦恼，于是请教M&A的判断基准。

□ 塾生问

我公司是从事人寿、财产保险代理业经营的企业。

现在，有一家同行A公司提出M&A（并购整合）邀请，我不知道该以什么基准判断，十分烦恼。从今后的员工招聘、教育培训强化，及保险公司对销售代理店的政策方向、保险销售形态的大幅转变等方面看来，进行合并、整合实力对我十分有吸引力。可是，我自身并没有M&A的经验，无法判断是否应该选择继续维持现状，独立发展事业。希望就今后前进的方向和判断基准，得到塾长的指点。

提问背景

我说明一下问题背景。

现在我拥有4家面向普通顾客的到店型保险店，还经营着一家为企业客户提供风险管理解决方案的综合保险咨询公司。

我公司于1999年4月创业，现在已经是第11年。最近一财年的销售额为22 900万日元。我公司的销售额指的不是保险费金额，而是指代理费金额。顺便一提，顾客存放在我公司的保险费一年大约为9亿日元，经常利润3 100万日元，经常利润率为13.6%。

高中毕业后，在老师的推荐下，我进入了一家电机零部件制造公司工作。之后，做了12年打工族，直到30岁。因为泡沫经济崩溃的影响，市场十分萧条，我在职的公司业务也减少了，变为一周休3天、没有加班，奖金也取消了，虽然时间多了，但收入却减少了，连妻子的收入也超过了我，弄得我连头也抬不起来。

"难道我的人生就要这样下去吗？我要赚更多钱，要自己独立做一点事业。"那时，我的脑子里隐约描绘着这样的梦想。我去问独自经营保险代理的叔叔"保险代理的工作怎么样"，叔叔告诉我："你很适合做保险。这个行业只要有干劲，就能赚到很多钱。而且，没有资金也可以开业。"我直觉地感到这个工作自己应该能够胜任，打算赌一把试试看。于是，我马上说服了妻子。为了提高个人收入、独立经营保险代理，我跳槽到外资保险公司实习。

我没有销售经验，对我而言，获取保单比想象中困难得多。我每天坚持外出上门推销，可迟迟看不到成果。然而，不管被拒绝多少次、被呵斥多少次，我都毫不气馁，而是持之以恒。"你这么努力，真好""跟你聊天很愉快，就给你签个单吧"。就这样，成果开始一点一点地显现。现在想来，当时我下定决心："一定要成功独立让你们看看"，每日重复践行塾长所教导的"不行的时候才是工作的开始"。结果，一般人实习需要5年，而我3年就毕业了，这是最短的毕业时间，然后，开始独立开展业务。

独立后的一年时间，我独自代理保险业务，可是后来，因为对上门推销及代理一家保险公司业务的销售方式心存疑问，于是与原来的同行、现在公司的专务董事合伙，带着一名女临时工，凭三人之力在1999年4月创立了现在的公司，力求成为地区第一的保险代理店。

当时，业内普遍认为保险代理不利于组织化。原因是保险业偏重绩效主义，善于销售的和不善于销售的人一目了然。而且如果只代理一家保险公司的合约，组织化几乎没有意义。可是，保险这种产品必须结合顾客的家庭构成及人生规划，否则就起不了作用。只代理一家保险公司业务这一销售方法不能满足顾客的需要。对这种想法产生共鸣的伙伴逐渐增多,我们开始和多家保险公司签订了销售代理协议。

尽管成立了公司,我们也仅是空有其形,不过是把个人代理聚集在同一屋檐下而已。公司一直没有理念,只隐约有一个"成为地区第一"的目标。就这样,3年光阴转瞬即逝。正在此时,我遇见了盛和塾,现在想来是命中注定。那是在2002年召开的市民论坛。

第一次听塾长讲演,首先浮上脑海的是我自己的判断基准:在决断的时候,我考虑的全是自己的得失利弊,几乎完全从利己之心出发。那时,我发自内心地反省,对一起共事的7名员工感到由衷的抱歉。

还有,我听到了因果报应的法则:"存善念,行善事,就有好结果;存恶念,行恶事,就会有坏结果。"之前,看见那些世故精明的人,我心里很羡慕,也不太想支付税金。自己的卑微渺小使我深感羞耻。为了改变自我,我要在盛和塾学习正确的思维方式,以诚勉自身,在这个想法的驱使下,我很快加入了盛和塾。

入塾后,我把"追求全体员工物质和精神双方面的幸福""正大光明地追求利润"这两点作为事业的目的,为了使员工有稳定的生活基础,我把薪水从完全的绩效考核改成绝大部分为固定薪水。为了把稻盛哲学渗透到全体员工中去,晨会、学习会自不必说,我们还给提交塾长著作读后感的员工发放文章津贴，在许多方面下了功夫。现在，我们的员工数已经达19人，代理着27家保险公司的业务，在顾客人数方面，有795家法人企业，4 150名个人顾客。

在保险行业，有"GNP"（讲义气、拉人情、送礼物）的说法，保险销售员一贯给人以强行推销的印象。事实上的确有一些人采用这种销售方式，我自己也因此曾经有过许多不愉快的经历，有时甚至会陷入一种"不被当人看"的受害者情绪。我希望设法改变这种局面，一直在思考用什么方法才能使顾客满意。

正在那时，有人向我介绍了一家经营"到店型保险店"的A公司。他们的模式是让顾客亲自来到店里，在深入交谈后再给顾客推荐合适的保险产品，是否购买由顾客自由决定。我坚信，这种"到店型保险店"完全颠覆了过往的强推式销售，是划时代的模式，因此申请了县内地区的独家代理。这是距今5年前，也就是2004年发生的事情，从那以后，公司销售额每年约以30%的幅度增长。

"到店型保险店"得以发展的理由有两个：第一，到店的顾客都非常厌恶一厢情愿的推销，他们希望能选择适合自己的产品。因此，顾客会把他们的潜在需求告诉我们。总的来说，他们都是意识较好的客户，收入也高于平均水平。只要产品符合自己需要，即使价格比以往签署的保险产品高，他们也会爽快地签单，从结果看来，单份保单金额比上门推销有所提高。

第二，招揽顾客由公司负责，业务员能集中精力为到店的顾客提供咨询服务。签订保单后，一句来自顾客的感谢，就能提升业务员的积极性，使他们深入自学专业知识。我想，每年销售额能不断增长，也是因为这个原因吧。

只是，我并不认为销售额会如此无休止地增长下去。保险的销售模式这几年发生了翻天覆地的变化。现在，上门推销虽然还占压倒性优势，但是保险公司方面一味强调以保单金额为基础的优惠政策，因规模不同，代理商的代理费也出现两极分化，大型代理店的刺激型奖励政策被强化，个人代理商或人寿女保险员在这10年间数量锐减到三分之一。

另一方面，活跃的M&A导致大型代理店诞生。如果大家对厂商的独家代理电器店因为大型量贩店诞生而没落的过程还有印象，就可以想象我们的境况。资本雄厚的大型代理店以首都圈为中心，四处扩张，快速开设到店型保险店。不仅如此，银行、邮局等也增设了保险咨询窗口，有些银行还开始在周六日营业。通信、铁道、商社，但凡具备资金实力的行业纷纷加入销售保险的行列。而如今，保险公司方面与其说是在支持大型代理店，不如说不得不给它们增强刺激性奖励。

我公司的目标也是成为地区第一，因此，如何与有强大集客能力的大型代理店竞争，如何体现公司的优势，这都是今后的重大课题，为此我大伤脑筋。就在这个时候，A公司主动向我们发出了邀请。

A公司的社长在考虑今后发展问题的时候，似乎也感觉力有不逮，于是向我们发出邀请："我们原本就是拥有相同理念的伙伴，一起联合起来发展事业吧。"如果单纯为了扩大规模，我们公司一定会选择走自己的路，不会接受他们的邀请。可是，我们谈到"建设正确的保险渠道，把握行业先机"，越谈越投机，我心中也涌起一股豪情壮志，对这个挑战跃跃欲试起来。

对合并的犹疑不决

在这里，我说明一下A公司的现状及我与A公司社长的想法产生共鸣的地方。

A公司是创业14年的公司，社长年龄与我相当，都是40来岁。最近一财年的销售额为12亿日元（约为我公司的5倍），经常利润为25 000万日元（约为我公司的8倍），员工人数80人（约为我公司的4倍）。在人寿保险的分析对比系统研发上投入约3亿日元资金，自主开发、运营系统，约有上百家专营店，其中有7家为A公司的直营店。

我与A公司社长产生共鸣的地方是他的思维方式。我们的理念都是追求顾客、保险公司、销售代理店三方得利共赢。A公司社长未来的愿景是开设高技能、高品质的专营店，打造日本第一品牌，给其他到店型保险店、金融机构、其他行业的保险销售提供业务支持，打造日本第一的保险销售解决方案公司。

我认为A公司社长在创造力、技术实力、销售能力上都十分优秀。他的弱点是没有培养起二把手,在培养人的能力上有所欠缺。他善于人际交往,会关心人,但却不太善于表达自己的思想情感。我建议他"通过酒话会等方式,创造更多与员工交流的机会,把社长的思想及对员工的关心传递给对方",但他却没有什么明显的动作。如果我们合并,我可以成为二把手,在这方面发挥作用。

当然,我对现在的公司有很深的感情。然而,我总有一种感觉,觉得对现有公司社长立场的执着或许只是自己的一厢情愿,然而,如果放弃对这一立场的执着,结果导致遭遇挫折,合并失败,这是我绝对不能接受的。

我认为,只要以盛和塾所指导的原理原则为基础进行判断,就一定不会有错,也反复多次聆听塾长决定创建第二电电时心路历程的CD,还反复多遍读过相关报道。可是,现在我仍然无法做出判断。

以"动机至善"这一原则自问自答,我的动机是善的。正因为动机是善的,所以合并的意愿才越来越强烈。

可是,我没有吃过什么大的苦头。如果自问是否"私心了无",我不敢确定自己一点私心也没有。一方面,感觉内心有个声音在叫嚣"你难道不是为了自己更加富有,为了自己的私利私欲和野心吗";另一方面,也感到有另一个声音在说"没有这回事,这是为了全体员工物质和精神两方面的幸福,是为了发展事业,打造正确的保险渠道业"。

"乐观地构想,悲观地计划,乐观地实施",我也自问是否遵循了这个原则。正因为梦想带来了无限的可能性,所以必须慎重考虑这一构想的困难点,在对一切悲观因素都找到对策的基础上开展行动,可是在这之前的阶段,又该如何判断呢,我十分苦恼。

合并后的利弊

在这里我想谈一下合并对我公司的利弊。

在利益方面,可能有以下6个方面。

第一,因合并规模扩大,从保险公司获得的刺激奖励增多(合并后代理费即时上升20%)。

第二,在人事招聘及员工培训教育方面得以加强(统一进行人事招聘、集体培训,还能增设培训部等)。

第三,可以 IPO(在东京证券交易所上市)。

第四,积极地开设店铺,及由于整合广告宣传提升招揽顾客的能力和品牌实力。能开展新事业,为金融机构及新加入的行业或公司提供保险销售业务支持,能建立基于互联网或数码广播的保险销售体系。

第五,业务费用削减带来利润增加(保险事务及系统整合带来事务效率提升)。

第六，能按照员工本人希望进行调岗配岗。

在弊端方面，有以下4个可能性。

第一，基本上会配合A公司，因此不知道如何用好过往我公司确立的经营理念及哲学（我希望能够全面发挥本公司建立的、以盛和塾的教导为基础的哲学）。

第二，可能会出现人际关系瓦解、积极性低下的问题。

第三，人事规定及薪酬水准上有差距。我公司是年薪＋绩效奖金（一年两次），A公司完全是年薪制，绩效提成高的员工收入会变低。

第四，由实际业务操作变更带来的内部管控及报告、经费、费用申请等琐碎事务增多。

最后我重复一下问题。

如前面所述，A公司发出了M&A邀请，我很烦恼，不知道应该以什么判断基准进行考量。考虑到今后的员工招聘、培训强化、保险公司对销售代理商的政策方向、保险销售模式的大幅度改变，进行合并、联手合力十分具备吸引力。可是，对于毫无M&A经验的我而言，是否选择维持现状，独立发展事业会更加合适，对此我无法判断。就今后前进的方向、判断基准，请塾长不吝赐教。

◆ **塾长答**

舍小异，存大同，在合并前应当做好三个确认。

为了在激流中脱颖而出，合并是正确的选择

您似乎为了是否和 A 公司合并大伤脑筋，我觉得这个方向是正确的，您应该顺着这个方向继续前进。

我不太懂保险代理店的业务，从个人经验而言，保险销售员一厢情愿地强行推销，只给我留下了烦不胜烦的印象。不过您说的是到店型的保险代理店。这种代理店不只代理一家保险公司的保单，而是代理几十家保险公司的产品，由顾客亲自到店，在倾听了顾客的想法后，才根据顾客的实际情况提出建议。顾客听完建议后，自己决定加入什么险种。我不知道还有这种模式。的确，这种模式颠覆了过往保险代理的业务模式。听了您的话，我不禁想："这种保险店还挺有意思，我要告诉我女儿。"

您刚才举了家电产品销售的例子，说明不能只代理一家保险公司的产品，而是要代理多家保险公司的产品，这样会更具实力。以前，街头巷尾都是松下、索尼、夏普的专卖店，后来大型家电量贩店出现了。这些量贩店经营所有厂商的产品，具备很强的销售实力。因此，专营一家厂商产品的代理商接二连三地倒闭。

同时，大型量贩店由于具备实力，能从厂商处索取更高的销售佣金。他们对厂商施加压力："我们店会帮你们销售，佣金要从原来的一成五增加到两成。不给的话就不要在我们这里

卖。"厂商也说："只要你们能够卖得多，我们愿意给更高的佣金。"您提到，同样的事情在保险行业中发生了。

规模做大，实力增加，保险公司支付的代理费也会提高，和多家保险公司签署代理合约，能增加销售额。所以，您无论如何想把公司做大。当您正有这个想法时，恰巧与A公司的社长一拍即合。他年纪与您相仿，提出了与您合并的意向。A公司也很出色，经营得很好，并且还独立开发了您没有的系统，能够分析、比较各公司的人寿保险。他们还拥有上百家专营店，发展得很快。这家公司希望和您商讨合并事宜。

正确估算双方公司的价值

首先必须考虑的是双方公司的价值评估。而负责安排合并的代理，比如证券公司，有大和证券、野村证券这样的大公司，也有小公司。还有，有认证会计师的普通会计师事务所，首先，要请他们评估双方公司，A公司的价值是多少，您的公司价值是多少。有一套正确的评估方法，所以要先着手采取这一步行动。

假设资历深厚的第三者评估的结果，是A公司为10，您公司为5，那么就要以10比5的比例评估双方公司的股份，这在合并中是必要的。

为你们提供评估服务的公司，比如我比较熟悉的大和证券，您可以向大和证券的分店咨询，请他们从总部派专家来评估。这之前需要与对方社长商量。与对方达成一致，根据第三者正确的评估进行合并，这是先决条件。

假设双方的股份都是100%，对方的评估是10，而您的评估是5，那么，您持有的比例就是15中的5，您占合并公司三分之一的股份，而对方占三分之二的股份。所以，正确对双方公司进行评估，确定双方持有股份的比例，这是最关键的步骤。您接受评估结果，还要考虑A公司社长是否接受，这必须在一开始确认清楚。

确认延续在盛和塾所学的员工教育

您加入盛和塾，拼命努力构筑与员工的良好关系。您也谈到，A公司社长有出色的想象力、技术实力、销售能力，但却没有培养起二把手。还有，他在人才培养方面，缺少一些能力。他善于社交，也具备同情心，却不太善于向他人表达自己的思想情感。所以您似乎已经跟对方社长说过，希望在团结员工上出一些力。这是因为您本身加入了盛和塾，把员工当作宝贝，在员工教育上花了不少力气。

对方社长具备出色的才干能力，业务上得到了大发展。而您非常重视团结员工的心，并一直从事这个工作，这是如虎添翼。所以，您要毫无保留地向对方社长讲述您加入盛和塾学习的事情，及过去采取的措施，提出"我会充分发挥过往的经验，今后是否可以让我负责 A 公司的员工教育"，这非常重要。

明确拿到出任二把手的承诺

您说合并后您会成为二把手，是否真的能成为二把手，这也十分关键。"作为合并条件，我推举您出任社长，我自己担任二把手，您是否同意我成为二把手"，您必须和对方确认清楚。对方规模比较大，当然会有专务。所以，也许他会让您担任三把手、四把手。我觉得，如果要合并的话，就要让您出任二把手，这是无论如何不可退让的条件，让对方承诺这一点，是第三个关键。

这并不是为了私利私欲。您也心怀远大的志向，宁愿放弃自我，决定跟随 A 社社长，屈居第二，同意对方的合并意向。对方也应该推举您为二把手。这不是私利私欲，提出这个要求是必要的。

通过您的说明，填补薪资水平的差距

还有，您列举了合并的利益点，我觉得完全正确。

在损失方面，您提出如何发挥哲学，这一点我刚才已经讲过，请您按我讲的做。关于有可能出现人际关系瓦解、积极性低下这一点，我不太清楚是什么意思。只要您告诉Ａ公司社长，您在盛和塾学习，把构筑与员工间的人际关系放在第一位，并向他确认，以后也可以继续持续下去，这个问题就不存在了。

至于您所说的人事制度与薪资待遇水平不同，这在合并中是非常关键的问题。您公司实施的是年薪加一年分配两次绩效提成的制度，Ａ公司则完全是年薪制。所以，合并后大概你们也会变成全年薪制。您公司的年薪＋绩效和Ａ公司的年薪制之间收入相差多少？绩效高的员工一旦变成全年薪制，收入自然会减少，可是会减少多少呢？如果在可以接受的范围，不妨好好与员工沟通，告诉他们"年薪制更加稳定"。

在发展团队化经营的过程中，只靠绩效会使经营个人化。所以不能这样，必须把自己的努力所得分享给其他还未有成果的员工。多劳多得看起来很美，可为了整个团队幸福，即使薪水减少一点，也应该接受。请您与员工仔细沟通，务必让他们明白这个道理。

关于内部管控等，不是什么大不了的问题，只要改善就好。

不管怎样，合并是正确的方向。如果只考虑自己的利益，是行不通的。要以舍小异、求大同的思想，忽视小的差异。您希望通过合并，使自己的代理店获得巨大的发展，我认为，您可以向这个方向迈进。可能的话，劝Ａ公司的社长"一起加入盛和塾学习"，您看怎么样？以上是我的回答。

经营问答十三

合并后的组织运营等问题

⊙ 问题

一家经营超市的企业在严峻的竞争形势下，与连锁药房进行对等合并后，面临组织及企业理念等无法融合的问题。该经营者就今后应该如何运营组织、构筑企业文化请求指导。

□ 塾生问

我们公司属于超市行业，我现在担任经营企划室长。

在竞争激化的形势下，为了能在这个行业中生存下去，我们和年销售额 40 亿日元的连锁药房进行了合并。我请教塾长的问题是，应该如何解决合并后组织方面的问题，尤其是如何构建合并双方企业的文化，及实现企业理念共有。

提问背景

我公司在 1961 年创业，经营蔬菜水果批发。现任社长在

1969年,也就是32岁时,在地方批发市场从事经营,然后于1972年5月成立了有限公司(资金200万日元),开始经营食品超市。由于出身于蔬菜水果批发,因此公司在蔬菜水果方面占据优势,是一家以生鲜食品材料为主的超市,在地方消费者的支持下,门店得到了发展。

1982年2月,公司进行了组织转型,变为株式会社(资金3 000万日元),在县内开始真正扎下根。1988年公司在全县有13家门店,年销售额为60亿日元,奠定了坚实的基础。

1991年,公司开始在邻县开店。1996年,本县共有16家门店,邻县有10家门店。同年3月,公司在当地证交所上市。1998年10月到现在,我们在两县扩张门店,共有32家店,年销售规模达到了200亿日元。

我公司遵循大规模零售店法的规定,在大型店铺的夹缝间设立超市,服务本地顾客。我们的超市以生鲜食品为中心,全年无休,营业时间很长,直到晚上11:00,方便居民快捷地购买每日必需的食品。超市附带停车场,是便利型小型店铺,卖场面积为300~990平方米,具备在特定区域集中开店的战略优势。

可是,由于法规放宽,大型商店开店变简单了,食品超市也趋向大型化,同时,同行也加快了开店的步伐,竞争日趋白热化。公司为了赢得竞争,扩大商品的交易规模,丰富商品品类,致力于把店铺向大型化发展。同时,还把经营食品超市和药店相结合的综合型商店作为今后的战略。

大概在1996年，通过旁人介绍，我们和一家在其他县经营药店的公司反复商讨，在1997年11月，双方决定合作，以图今后事业的扩大发展。并且，在1998年5月，我公司与那家公司基本达成共识，半年后以对等原则进行合并，并对外公布。所以，现在正是新公司刚刚起步的时候。

提问的原因：臃肿的组织

今天我想请教一下，合并后的组织运营和组织应具备的形态。

如上所述，我们刚刚合并，现在只是把两家公司拼凑在一起，组织层面的问题迫在眉睫，具体为以下两点。

第一点，就企业规模而言，董事人数过多。合并前，董事人数为7人，而现在是11人。监事也比合并前增多1人，现在为4人。按照合并协议的规定，有一些地方是不允许削减的。然而，对方董事的资质、能力不可缺少，又或者我们超市和药店属于不同行业的合并等，这些都不是人数减不下来的理由，最大的理由是因减少人员导致的矛盾冲突及合并方员工的反应。

第二点，双方总部各自横跨两县，分支过多。

人事、财务都是简单地把组织拼凑起来。对方的财务变成财务二课，负责合并前的药房财务事务，而财务一课则负责超市的事务。人事、总务的情况都一样。同时，指导店铺运营的销售部也分为药房销售部和超市销售部，商品采购部也分为药房商品部和超市商品部，下面还有许多课。由于组织架构如此泾渭分明，决算自然也各自分开核算。

为了更好地发挥总部职能，使运营顺畅，我想把总部全部搬到原超市这边，但又顾虑这样会伤害对方会长的感情，同时还要考虑药房那边的数名员工是否会拒绝为此调整岗位。在员工心理方面，原超市这边的员工应该没有问题，但我担心药房那边的员工会觉得"明明是对等合并，为什么感觉好像被吞并了一样"，因此现在组织运作无法顺畅。

而薪酬方面，两家公司的制度并存，宣读的企业理念也原封不动，各讲各的理念。但如果要统一理念，又怕伤感情，所以两家公司的高层都不愿意行动，能避则避，简直可以说是缺乏勇气。

我的想法：使组织运营顺畅，发挥合并的效能

我个人认为，如果不减少董事人数，尽可能地捋顺组织，就不能发挥合并的效能。可是，如果削减董事，应该基于什么判断基准，以什么思路操作，我还没有想明白。退任、降职等方面的待遇应该如何安排，我也不甚明了。

组织方面，我想把人事部、财务部、总务部等后勤部门放到超市总部，合并其他部门。销售机制方面，成立药房销售

部和超市销售部,各部形成从进货到销售甚至店铺管理的组织形态。

在内部融合方面,我想举办部长、课长、店长等各级别研修会,以实现融合。虽说融合,但我真正的想法是基本采用超市这边的企业文化和制度,而不是重新建立新的企业文化。

同时,在两家公司的薪酬制度并存、连企业理念也无法统一的状况下,需要解决的课题多如牛毛。合并后的组织运营、总部职能等经营实践及企业文化的构筑、理念共有等方面,都烦请塾长给予建议和指导。

◆ 塾长答

明确合并的目的和意义。

在"对等精神"中苦苦挣扎的日式合并

塾长:您是董事兼经营企划室长,所以您应该不是代表公司参加经营问答,而是以个人身份参加的吧?

塾生:这次参加经营问答,得到了社长的首肯。提问的内容也跟他讲过。

塾长:我觉得这是个非常大的问题。

之所以这样说,是因为今天在场的各位经营者,就算企业规模不大,但今后大概也与优秀企业合并,把公司做大。

日本人在做事的时候总有一种毛病，喜欢彼此"我啊我啊"地，即使情况不妙，仍然"我啊我啊"地，努力强调自我。尽管如此，今后的中小企业，尤其是盛和塾的企业，还是应该考虑同心协力进行合并，以求把企业做强做大。所以，这是一个很大的课题。其实，我个人也因您的提问受到启发，这还要感谢您才是。

合并之后，如果组织仍然原封不动地保持合并前的样子，连企业理念也是各读各的，单这样已经很荒唐，连人事、薪酬体系也完全原封不动，保持原样。这已经搞不清楚是为了什么才合并的。

刚才您所讲述的情况，不仅仅是一个日本地方超市遇到的问题，而是日本企业文化催生的典型案例。

这不仅仅是您公司的问题，大家都知道，日本的大型银行为了变得更强，也进行合并，可是，连公司的名字都同时保留双方合并前的名字，比如第一劝业银行。而行长也采用轮流坐庄的形式，这一年由原第一银行的人当行长，那么下一年就由原劝业银行的人当行长。这种在人事上轮流坐庄的体制在日本企业中十分普遍。

为了成为能立足于世界金融市场的强大金融机构，银行才进行合并，可是，合并后却要耗费10年甚至20年才能产生效果。单是两家银行企业文化的融合就需要长达10年甚至20年时间。当然，人事任命上也是轮流坐庄制。这就是日本大企业的杰作，而且一向如此。从大企业开始，到中小微企业全部如此，因为这是日本的企业文化。

但是，也有一些不大相同的合并。每当在对方濒临破产，或者已经破产的状态下合并，对方即将被淹死、举手投降、大声呼救，因此出现一方对另一方的吞并。在对方奄奄一息时出手相救，在这种状态下进行合并，就不会出现像刚才的那种情况，企业理念等所有一切都被吞并方统一。也就是，日本企业中合并成功的，无不是其中一方濒临破产或者已经破产。这样一来，因为对方是濒临倒闭的公司，心甘情愿被吞并，因此也不需要在企业文化上发生冲突，但也因为如此，合并的效果也不算太大。

人常道最好的合并是双方企业都充满活力和生命力。强强联手、优优结合，才能使合并发挥效果。可是，您却乖巧地说"我公司和对方公司对基于'对等原则'的合并达成了共识"。在日本，每当两家有活力的公司合并时，什么都要基于"对等精神"。也就是，不对等的话就不愿意合并。

销售规模达 200 亿日元的生鲜食品超市要吞并一家年销售额 40 亿日元的药房，以大吞小就是不义。即使是销售额 200 亿日元的公司，与年销售额 40 亿日元的公司合并，不基于对等精神就不行。这就是日本企业。这不仅仅是您公司的问题，银行的合并等所有其他的合并全部如此，现在正在进行的优良企业之间的合并全部如此。

问题在于没有达成共识

在电子通信行业，如您所说的一样，为了合并而辗转呻吟、痛苦不堪的上市公司、大企业比比皆是。他们也完全一样，一切都讲"对等精神"。而且，不讲对等精神，对方就不会点头。因为在追求盲目的对等，所以组织上、人事上要对等，一切都讲求对等。

实际上，您刚才的话触及了这个问题，使我猛然意识到一件事情。尽管不是在京瓷，但正好因为某事，有人也向我提出"对等精神"。

公平是我做人的宗旨。我时常说"作为人，何谓正确"，也常劝大家采取这样的人生态度，所以当别人提出"对等精神"，我当然回答"可以对等"。"我强大，所以要吞并你"——这样厚颜无耻的话当然没有人可能说出口，因此，既然对方提出"对等精神"，我就回答"对等也没关系"。

但是，实际上，像您公司，应该保留超市这边，把药房那边吸收掉才对。保留下来继续存在的理应是超市这边的公司。所以，虽说对等精神，但实质上必须完成对企业的吞并、吸收。正因为没有达成共识，才会出现如今的问题。

整个日本都是这样。所以，虽合并却毫无效果的企业比比皆是。尽管有几个吞并濒临破产企业成功的事例，可在此之外，几乎没有合并成功的案例。

双方领导人要面对面把话讲清楚

既然过往的合并毫无意义，那么该如何合并呢？

一个公司是销售额 200 亿日元的生鲜食品超市，体制健全，并且在盈利。另一家公司经营的是连锁药店，年销售额为 40 亿日元，也在盈利。这两家经营良好的公司假如能一起开店，把生鲜食品及药品销售结合起来，就会变得更强大。于是双方打算合并。合并好是好，但在一起之后，却变成了您所说的状况。

企业合并的目的是一起变得更强大。在竞争激烈的社会中，使公司不被淘汰，使利润更大化，令公司持续发展下去。所以，现在开始还不晚，首先，超市方的社长要和药房方的会长面对面把话说清楚。

社长也是大股东，持有大半股份。对方的会长也持有大半股份，会长的家人应该也持有股份。这些人合并之后，如果像刚才说的一样，不断"我啊我啊"地强调自己的利益，力量必定会衰减。本来大家各自经营，还能生存下去，可是，因为不上不下的合并，导致内部矛盾激化，实力反而会变弱。这样一来，事情会变得很糟糕，趁现在还不算晚，社长和会长必须面对面把话说清楚。

"会长，我们以对等的精神合在一起，是为了把这家公司发展得更加出色。我、您，还有您的家人都是大股东，如果这家公司有大发展，上市以后股票价格不断上涨，这也是您一家人所期望的吧。

"像现在这样，组织无法形成一体化，连理念也不一样，公司不久就会岌岌可危，结果反而不妙，倒不如以前各自独立经营。如果这样，反倒闹不清楚，我们到底是为了什么才合并的。

"我们公司吸收您的公司，绝对不是欺负或者亏待您公司的员工。我们会公平待人，以这种意义的对等精神，公平地处理所有事情。"

应该这样跟对方谈。

您说过，曾经告诉对方"希望企业理念方面，保留自己公司的理念"，您的这些话引起了对方的警惕。您应该说"我们会采用您公司理念中优秀的部分"，"人事制度上如果有好的地方，我们都会采用"，然后说"我们绝对不会偏心"。

同时，您说过药房那边的董事能力不太足够。因此，对方的董事都胆战心惊，生怕被全部解雇。虽然不能把五个人全部留作董事，但可以告诉他们"会重视你们"，即使对方没有能力，也可以选出其中两人担任董事。

就这样，必须设法把组织捋顺，使它变得合理化。如果像您所说的，把药房的采购和销售都分开，做这种傻瓜一样的事情，简直岂有此理。

"总部机构全部合为一个，药房那边的董事也全部搬到这边来。请一定要这样做。会长先生，对不起，也请您搬过来。只有像这样实现一体化，才能把公司经营得更出色。我希望，股价能比您自己经营药房时涨得更高，您的家人也能成为有钱人，而我们在一起才真正有价值。我一定要这么做。

"您一定要对您的干部和员工讲，不要再'我啊我啊'地，把目光只放在自己身上。假如这样下去，公司就一定会倒闭。请您把干部和员工集中起来，给他们这样讲一次，好吗？

"我自己没有一丁点儿傲慢自大、藐视会长、看轻您公司员工的意思。我可以对天发誓。这才是对等精神。所谓对等精神，包含有珍惜、重视的意思，不是完全对等地处理事物，对等地安排组织。

"为了把公司经营得更加出色，向着高收益的方向发展，无论如何也要让组织运作顺畅，实现一体化。请您务必理解这一点。"

现在还来得及，您公司的社长应该使出浑身解数说服会长。"我并不是认为自己了不起，也不打算指使您做事"，社长应该一边讲道理，一边推心置腹、坦诚相向，与对方交谈。

如果对方会长还是不肯点头，那么只能取消合并，分道扬镳。纵使分手、离婚都无所谓——要下定决心，推心置腹地与会长交谈。这样的沟通非常有必要，而且越早越好。

在日本，当健全的企业之间合并的时候，全部都讲"对等精神"，结果大受其累，进展不顺。从大企业开始全部如此，不是您公司才有的问题。

我觉得双方有必要彻底交谈，视情形我也可以致信一封，给一些建议，劝他们这么做。

明确好合并后的形态再合并

同时，我正好也面临这种基于"对等精神"的课题。其实我刚才也说过，我也赞同对等精神。

然而，尽管我认为的对等精神是重视和珍惜，可如果对方认为在一切方面都要对等，就会演变成与您公司相同的情况。所以，虽然讲对等精神，但必须明确好合并后的具体事项，写好所有剧本。

本来应该把合并后的事情全部提前决定好，在公布的时候才谈"对等精神"，然而，您公司仅仅定好要以对等精神合并，但合并后该怎么办，完全没有任何讨论。总之双方先在一起，先一起结婚。只要两家强有力的公司联姻，就一定会变得更强大，结婚之后要做什么工作，怎样生活，什么都没有确定，只会讲"对等精神"。

这个事例，不仅仅告诉了我们中小企业，也包括大企业：以"对等精神"合并的企业，"对等精神"并不是问题，只是，如果在合并时没有确定好哪一方作为留存企业、以这家公司为中心，如何实现企业的融合；从人事到销售，对每一个组织都要有具体的规划,否则,情况将会很糟糕。这些决议应当写成章程,公开发布。如果大家陷入一切事情都讲"对等精神"的误区,就连大银行也在人事上搞轮流当家那一套,要花10年甚至20年才能融合。如果这么做,就不可能具备在国际上竞争的实力。这样一来,即使合并了也毫无意义。

各位也许觉得这些事情跟我们中小企业没什么关系,其实不然。在如今这个时代,中小企业也不应单打独斗,就连不同行业也可以通过合并积蓄力量。两根箭比一根箭更结实,三根箭捆起来,比两根箭更难折断。今后,要在国际竞争中生存下来,合并是无论如何也无法回避的问题。

而且,合并要找有活力的公司。原本合并就必须找那种强调"我啊我啊"的、充满活力的公司,否则没有意义。正因为合并双方都是坚持己见、有活力的公司,所以才必须明确方式方法,该退一步的人退一步,该进一步的人进一步。"在合并时,以这样的体制、这样的心态前进",我认为,合并必须做好这样的决议。

经营问答十四

为了设备投资筹集资金，是否考虑上市

⊙ 问题

为了达到筹集资金、投资设备的目的，考虑上市，于是请教上市的意义与对错，需要注意的地方，生产线设备合理化的问题。

□ 塾生问

提问背景

我提问的主题是"为了设备投资筹集资金，考虑上市"。内容包括"上市的意义与对错""上市的注意点""生产线设备的合理化"三个方面的问题，主要围绕上市展开。

我公司是冷冻食品厂，主要采用本地原材料生产炸肉饼。在县内有4家工厂，一天能生产100万～120万个普通大小的炸肉饼，在日本各地有营业所，是一家员工、临时员工、兼职员工共计370人规模的企业。1998年的销售额为488 800万日元,今年(1999年)打算突破50亿日元大关。

我公司的前身是另一家企业,由另外一位经营者经营。当时正好老公司陷入破产状态,因为不能坐视它倒闭,金融机构把它交给我父亲经营。1979年,父亲出任那家公司的社长,同时成立了新的公司,作为那家公司的销售公司,最后,新公司收购了老公司。今年正好是新公司成立20周年的节骨眼儿。收购时老公司留下的约6亿日元贷款,也好不容易在三年前还清。

在这家公司成立的时候,我正在一家不同行业的煤气公司工作,完全没有想过会进入现在这家公司。我在煤气公司里工作了19年,主要从事销售、营销策划、工会等工作。有一段时间,父亲身体不好,身边的人也纷纷给我压力,劝我回家,最后,在1993年,我进入了现在的公司。

我们行业属于装置产业,发展依靠大量的设备投资,其重要性大于商品定价。同时,因为工厂的机器几乎都是自动设备,用几台设备就能承接OEM⊖生产,通过这种方式,我们主要承包生产县内的冷冻食品。可是,我公司的OEM生产率控制在25%。为了提升生产量,而且为了从大公司学到各种知识经验,OEM生产是必须要有的,但我们打算尽可能生产自

⊖ 即original equipment manufacturer,定点生产,俗称代工。——编者注

有品牌的产品，现在，75%都是自己公司品牌的产品。我们应该是炸土豆自有品牌比例最高的公司。

当然，我们与大型冷冻食品厂竞争激烈。因此，在销售方面投入力量自不必说，在研发、工厂等方面，也做了许多投资。设备、厂房旧了要改善，这是理所当然的事。就算设备不算太老旧，为了追求产品研发、产品形状的差异化，在与其他公司的竞争中获胜，我们也要为了一款产品引进特型设备，或者更换模子。而且，有时还会因为产品品种的关系，更换整条生产线。更换最便宜的模子费用为70万日元，如果要更换生产线，费用更是高达数千万日元。同时，还必须增加、改良、新购买设备。因为不得不做这些投资，我们公司主力工厂的设备及生产能力都比同行业其他公司水平高。

提问的缘由

今后，为了增加和超市的生意，有必要引进食品卫生管理体系HACCP，以保障品质管理的标准。HACCP本来是为NASA（美国宇航局）宇宙开发计划而设计出来的东西。它是保证宇航员食品安全生产的卫生管理方法，从过往的成品中抽样检查，到整个产品工序的管理，防患于未然，防止出现不安全的食品。

引进HACCP，还要进行投资，进行对应的改良改善，重新购买机器。现在，已经出现了乳制品、肉制品的HACCP标准,但遗憾的是对冷冻食品,它只有指导方针。也就是,现在还不知道引进这个体系需要多少费用。

另一方面,在资金筹集方面,厂房、设备的资金正在从银行、有政府背景的金融机构贷款。现在利息很低,银行虽然对我们并没有收紧融资,但今后,随着对设备资金的不断需求,不知道是不是利息会一直保持很低,金融机构说不定什么时候就会惜贷。现在不能马上知道需要多少投资金额,而市场方面,也不知道什么时候就有动静,需要用到资金。因为经常出现这种问题,所以我们在公司内部研究如何从多种途径吸取资金,以响应资金投入计划及战略机会。

具体研究出以下四个方案。

第一,像过往一样,向以政府背景的金融机构为主借入资金。

第二,以股东为中心,对现有股东做第三方定向增发。

第三,在不影响大股东的前提下,让大买家参与融资。

第四,上市融资。

这四个方案各自的利弊,我们在公司内部都讨论过了。

以政府背景的金融机构为主贷款的好处是大股东能掌握经营主导权。对现有股东做第三方定向增发也一样,虽然需要投入资金,但资本构成没有变化,大股东仍然能掌握经营主导权。向大型买家提议融资,大股东就算不投入资金,也能掌握经营主导权。而上市的话,大股东也可以从市场吸取资金,不需要自己投入。同时，员工也能为在上市企业工作而感到骄傲。以上是各方案的好处。

而关于弊端，首先，以政府背景的金融机构为主贷款，有可能会因为金融行情的变化而必须支付高利息，而且也有可能被限制贷款。对现有股东第三方定向增发，大股东必须按照持股比例，负担设备投资金额。接受大型买家的投资，一旦遇见意外，很可能会被大企业吞并，而且大股东也不得不筹集足够的资金与之抗衡。如果上市，需要耗费很大精力调整公司内部的体制。同时还必须聘请上市负责人，如果没有良好的稳定持股的对策，一不小心还会被别人夺走公司。

包括上述利弊在内，我们正在请审计调研"现在公司上市还欠缺什么"。同时，总体来说，社长赞成上市，可是，好不容易公司走到今天这个程度，从情感上他对上市并不太积极。我猜测，原因大概是担心其他人注入资本，会导致经营权不稳定。

个人观点

虽然，我能理解社长的心情，但公司并不是个人的私有物，所以我还是希望能够上市。在不远的将来，我可能会成为社长，经营企业。我认为为了投资设备，个人筹集资金的能力毕竟有限。而且，不仅仅为了筹集资金，我还希望员工能以在上市公司工作为荣。

我再确认一下本次的提问,是上市的意义和对错、上市要注意的地方及工厂设备相关的三个问题,特别是在上市方面,塾长创建了京瓷,并将企业带领上市,我希望得到塾长的建议,请多多关照。

◆ 塾长答

延缓上市,专心把公司变为高收益企业,利润来自工厂。

在自己公司内研究如何改良机器

您的公司年度销售额为50亿日元,包括临时工在内,共有370名员工,有三间工厂,在塾生企业中规模可以算是比较大的。

我想从稍微不同的角度回答您提的问题。您的企业现在是中坚企业,今后,只要方法得当,十分有可能发展成为更大的企业,可是,因为属于装置产业,不得不使用昂贵的机器。因此,贷款也非常多,全部都从银行借入。现在,从银行借钱利息比较低,还没有什么问题,可是,利率不可能一辈子保持这么低。

一旦利率上涨,利息的负荷就会变得不堪忍受。说不准还有可能出现惜贷的情况,导致资金周转不顺。因此,您想通过上市,从股票市场筹集资金,以对设备进行投资。于是,您希望我就上市这个问题提一些建议，然而，在对上市提出建议之前，我有一些事情必须告诉您。

您的企业之前由他人经营，由于经营不善，委托给您父亲经营。然后，从接手这家公司开始的20年来，公司销售额达到了50亿日元，但据您的描述，资产负债表的右侧最下方的总资本为接近50亿日元，几乎与总销售额相等。也就是，在资产负债表中，合计总资本与年度销售额几乎旗鼓相当。其中，公司已缴资金为4 000万日元，过往长期盈利，利润积蓄起来，现在自有资本（已缴资金＋内部留存）为10亿日元。已缴付的资金为4 000万日元，存了96 000万日元，自有资本约为10亿日元。所以，不管是从总资本看还是总销售额看，您公司的自有资本比例大概在20%。

您刚才也说过，设备投资非常耗费资金。大概是因为炸薯饼有各种各样的形状吧。在传送带上的炸薯饼既有扁平的，也有圆形的。为了配合炸薯饼的形状，必须更换模具。你们在门市部直接把产品卖给顾客，听取他们的意见，然后下许多功夫钻研，调整其中的材料、形状及包装。形状变化，模具就要改变，做土豆饼的流水线的所有设备也要调整。同时，包装如果采用的是特殊设计，也必须改变生产线。每当这时，就需要资金投资设备。这是您解释的内容。

根据我手中的资料，现在你们手中的设备一年的折旧费为3亿日元出头。销售额差一点到50亿日元，设备折旧费占销售额的 6%～7%。经常利润比折旧费还低一些，经常利润率大概在 5% 左右。所以，您的税后利润为 2.5%～3%。6%～7% 的机器折旧，经常利润率为 5%，两者合计 10% 以上。

听说装置产业的折旧费非常高，可是，在讨论上市之类的话题之前，有一些必须要研究的问题。你们在工序上经常会变更模具之类，做各种调整，这些事情大概都委托给机器提供商了吧？因为你们可能没有能做这些事的技术人员。

塾生：有技术人员。制作模具当然要交给专业厂商，但大多数更换由我们自己完成。不过，当涉及整条生产线调整时，除了一部分，都是交给专业厂商完成，这也要看具体情况。

塾长：也就是说，只有当涉及大规模改装设备的时候，你们才去咨询专业制作食品设备的专家。在这种时候，你们不得不下单定制，如果是特殊设备，哪怕只有一台，也不得不请人改装，所以，价格比较高。比如，买了普通的农业器械，如果损坏需要修理，由于是通用产品，修理费非常便宜。可是，您公司为了制作炸薯饼，采用的是特制设备，生产线即使只改动一丁点，也不得不花费高昂的费用。因此，设备投资的费用居高不下。

由于是装置产业公司，今后，您的企业还需要更多的设备投资，为了解决资金筹集的问题，您想上市。将来，使用本地的土豆，您希望能把年度销售额规模提高到 50 亿日元，以和大食品公司抗衡。我觉得这件事非常有价值。听了您的话，我也想起这种时候的事情，非常兴奋。肯定会顺利的，请务必努力。只是，其中有一个课题，就是利润率太低了。

只要努力钻研，足以战胜拥有先进技术的其他公司

您认为利润率低下的原因是装置产业需要花太多的钱在机器设备上。的确有这个原因，但这还是取决于所做的钻研。我创立京瓷的时候，几乎没有钱投资设备。因为没钱，只好买粗糙的机器。租借了宫木电机公司的一个木造仓库，开始的设备真的很简陋可怜。

当时，我们用陶瓷粉末制作小小的晶体管零件，使用的是冲压机器。把粉末装进模子中，然后用冲压机砰地压成型，再放进炉子里烧成产品。支撑的产品精度必须非常高。可是，产品被烧过后就会收缩，为了达到±0.1毫米的高精度，在粉末成型的阶段就需要相当高的精度。当然，使用的模具很昂贵，精度很高。我既没有钱买昂贵的冲压机，也不知道世界上有什么设备。于是，我就买了被一般人称为手动冲压机的设备，就是旋转轴上装上螺旋物，只要扭转它，上面的大筒就降下来压住产品。

我试用过这个设备后，觉得可行，通过调整松紧改变压力。如果压力改变，产品也会发生变化，所以必须保持不变的压力。我们在保持不变压力上不是太顺利，但即使这样，当时

也用简陋原始的四五台冲压机器从事冲压作业。

用这些冲压机从早到晚压制产品的人是京瓷的伊藤会长。他从早到晚都在冲压，就像每天在健身院锻炼过一样，肌肉发达。但是他吃苦耐劳，从未有过一句怨言。

公司成立3年的时候，我想在日本推销产品，但一流企业对我们不屑一顾。因此我想去美国，看看美国的情况。虽然连英语也不会说，但我带着样品去了美国。在商社的介绍下，我访问了一个已经在制作精密陶瓷、远比我们先进百倍的美国同行。

在新泽西州，有一家美国有名的精密陶瓷公司。我得到了访问这家公司的机会，参观了工厂。工厂中放置着一排德国制造的先进自动冲压机。机器发出悦耳的声音，唰唰唰地运作着，产品也唰唰唰地出来。用人海战术制作的产品应该可以取胜，带着这样的想法我去了美国，可是对方却用德国制造的先进冲压设备大量生产。原来还有这种高精度的冲压机和成型设备，我大吃了一惊。

参观结束后，我小心翼翼地问这家工厂的负责人，"德国制造的设备一台要多少钱"，当时，我从制作原料的机器到炉子，在设备上的投资全部加起来不过1 000万日元，可那个人所说的金额，却昂贵得买三台就足以把我们公司翻个个儿。

这么贵的机器我当然买不起，我觉得如此一来就算把我倒过来也赢不过美国的企业，但还是到工厂，再看了一次机器。

而且，当场比着手表，数一分钟制作了多少产品。当然，我很清楚自己公司的伊藤靠人力一分钟能制作多少个。然后，我也在脑中计算伊藤的薪水。一分钟能制作多少个，伊藤的薪水多少钱，而购买这些设备的话，从利息到折旧费是多少，我在脑中唰唰地飞快计算，"不，我们公司比较有竞争力。从德国买这么昂贵的机器真划不来。"

"现在，伊藤用手工制作，只要在那里加个弹簧就能提高速度。那就会做得更好，这样能够打赢对手。与其花那么高的价钱买机器，不如采用人海战术，用手工冲压。"

开始我惊得脸色发白，以为一辈子也不可能战胜美国的企业，但后来，我带着"不，行得通。能够打败他们"的想法回国了。

自己培养技术人员，日日钻研创新，提升机器设备的性能

您的公司每天生产 100 万～120 万个炸薯饼，销往日本全国各地。每天生产上百万个土豆饼实在是很大的数量，所以自然需要大型设备。然后，制作这些设备需要专业知识、需要技术，无论如何要交给专业人士制作。你们通过外包制成设备，实现了大量生产，但老实说，利润都被机器的折旧费吃掉了。所以，虽然业务量不断增加，销售额也在增加，但就像在给机

械设备商效劳一样，让人有一种错觉：你们像是在给机械设备商打工，让他们赚钱。您大概也隐隐约约有这种感觉。

在化学的世界，比如石油联合厂，也有高塔，四处都是管子。利用石油产生的乙烯天然气，混合各种各样的物质，能够制造塑料等，可是制作这些产品需要专业厂商，除了要熟知化学反应，还要制造这些设备。比如，如果委托对方生产数百万吨乙烯设备，对方会说："只要你给我几百亿日元，我可以帮你们制造从加入原料到出成品的机器设备"。在化学的世界，有设备专家和各种厂商制作这种东西。

同时，为了制作这些产品，需要这种工序、这种装置，可是，生产这些装置设备的厂商有好几家，一般都会选择其中的佼佼者。或者，如果有不希望其他竞争对手知道的特殊设计，只委托一家厂商制造设备。可是，因为不希望设备厂商把同样的装置交给同行，提升对方的竞争力，于是要求"只给我们公司制作"，为此花费高昂的价格购买设备。

比如，假设有个人想跟你的公司对抗。制造您公司的设备需要花30亿日元，土地是从父辈传下来的。包括厂房在内，设备全部花费40亿日元。这个人很有钱，所以情愿花这笔钱。接着，他要找制造炸薯饼的机器，于是放出风声，要寻找制作炸薯饼的设备。然后，为其他食品厂家服务的设备商说"那家公司是这样做的，这里这样做就可以了"，制作全部设备。就这样，每日能生产100万个炸薯饼的生产线做好了。当然，中间还有从品质管理、工序管理到生产线送出的产品变形等形形色色的问题，每个问题都得到了解决。

但是，把设备全部交给专业厂商制作，不管 A 来做还是 B 来做，设备投资的金额都一样，所以，成本也十分相近。正因为成本相近，在市场上竞争的时候，才不得不把利润压得越来越微薄，利润率变得越来越低。

因此，即使最基础的生产线无论如何需要专业设备商制作，但自己改装生产线非常必要。比如，打算把机器啪嗒啪嗒出产炸薯饼的速度提高一成，既然有这个打算，就不要委托专业厂商，而是自己招聘两三个对机械技术稍微在行的专业人员，从外面订购零件，用锤子或者扳手改装设备。只要有这样的团队，就能把速度提高两三成。又比如，同一条生产线，产量增加三成，假如日产量 100 万，就会增加 30 万个。只要把从清洗到蒸煮原材料白薯的所有设备稍做改装，就马上能够增加容量。

然而，如果由设备商决定"这个搅拌机装多少千克"，一旦想增产两成，又不得不购买设备。但是，只要稍作改装，一台机器能提高三四成效率。因此，需要有一些略懂机械，肯钻研创新的人。在盛和塾，我常说经营就是"明天胜过今天，后天胜过明天，要不断钻研创新"，过去虽然作为装置产业，利润被设备夺走，但通过细微的钻研创新，就能把生产效率提高三四成。不购买新设备，重复积累，一点一点地改良，把生产效率提升四成，那么利润率就会大幅度提升。

高收益是一切的基础

还有一点，生产线规模变大后，就需要非常细致地节省经费。买什么材料，投入多少人，白薯的采购……要重新审视所有与经费相关的问题。

您公司的经营方针是"被大众喜爱的产品，让大众满意的价格"，也就是薄利多销。价格是确定的，无法改变。所以，剩下的就是把成本压缩到什么程度。

销售利润率不足5%，这完全负担不了设备，事业也不会有未来。我经常说，税前利润率至少要有10%。诸位脑子里会想："塾长张口就说要有10%的利润率，可是，在我们行业要达到10%的利润简直比登天还难，真是坐着说话不腰疼。"这样想的人，一辈子也不可能做到10%的利润率。必须下定决心"既然说要10%，那就干吧！"但是，10%只是最低限度的利润。对流通业的企业我也要他们做到接近10%，如果是生产厂商，最少也要有10%。尤其像您公司这样的规模，必须要有15%左右的税前利润。

按照现在的销售额，单是机器的折旧费就占了6%～7%，如果按照这个趋势继续投资设备，会变得很糟糕。相反，如果能够靠现有的设备，把生产效率提高两三成，不，提高四成，那么相对于销售额而言，折旧所占的比例自然降低。降低的部分就变成利润。6%～7% 的折旧假如能减一半，利润就能增加 3%，这样一来，利润率就变成 8%。剩下的 3%～4% 通过压缩经费就能节约出来，这样就能保证有 11%～12% 的利润率。

为什么我要强调利润率呢？您说过，"父亲从上一位经营者手里接手公司的时候，有 6 亿日元的贷款，好不容易，花了 20 年才还清"，还贷款的问题、筹集设备投资资金的问题，只要您的公司不变成高收益企业，这些问题都不会得到解决，今后还是会被钱的问题追逼。不过还 6 亿日元的贷款，居然花了 20 年，如果在现在 50 亿日元销售额规模的基础上，把销售利润率提升，超过 10%，那么一年就有六七亿日元的利润率，就算一半交了税金，也还能剩下三四亿日元。两年左右就能够把贷款还清。如果没有这种程度的余地，今后不可能有发展。

关于您谈到用上市的方法筹集资金进行设备投资的问题，我的结论是上市是正确的方向。但是，不要只靠上市筹集资金，还可以同时像过往一样，从银行借贷，没必要从证券市场筹集所有资金。

您在刚才的提问中，列出了上市要注意的地方，其实还有其他许多需要关注的问题。关于上市的意义和对错，问问证券公司的人就会很清楚了，我就不赘述，总之，上市是正确的。

不过，现在您的已缴资金为 4 000 万日元，这点资本金什么也做不了。还是有必要请现有股东增资。上市的时候，原有股东的持股比例太低的话，太不像话，所以需要增资。

同时，您提到请股东增资是筹集设备投资资金的方法之一，这并不是方法，而是假如您公司要上市的话，他们必须增资。比如，包括创业者在内，已缴资本金必须从现在的4000万日元增加到三四亿日元。只有这样，才能把其中的1亿日元拿出来上市。

可是，现在的企业主，也就是股东原来并没有得到多少分红，所以没有余钱缴付资本金，现在不得不从银行贷款。所以，不管怎么说，必须要先有充足的分红。如果公司的税后利润能有3亿日元，那么即使拿出4000万分红，公司还剩下26000万日元。然后，如果拿到分红的人只支付税金，把剩下的钱再投入增资，几年之后，即使自己不出一分钱，单靠积累的分红，就能把资本金提高到2亿日元左右。

所以，不管怎样，企业必须要有收益，否则就毫无意义。证券公司帮公司上市，从手续费到上市融资的金额都与它的收入有关系，所以当然会力主您的企业上市。可是，以您公司现在的利润率，没有什么吸引力，股价也不高，也不可能成为让员工引以为荣的上市公司。您的企业既有一定的规模，又有发展前景。所以，从现在开始的三四年内，您要咬紧牙关，推行合理化，想方设法，使利润率最低达到10%。

发掘工厂内隐藏的利润

我是化学专业出身,用各种化学反应制造东西是我的强项,但从大学时代开始我就非常喜欢机械工学。鹿儿岛大学的工学部有化学、机械、电气、建筑四个专业,不管哪个专业的课我都去听。工学部的同学关系很融洽,我经常去听机械专业的机械概论等课程。我还非常喜欢绘图设计机械,拥有机械方面的素养,对机械有独到的见解。所以,创立公司之后,在选机器的时候,尽管是化学专业出身,当机械专家敷衍了事的时候,我就会说:"你说什么啊,明明是这个机器好。"

因为我对机械比较擅长,所以能够选出性价比良好的机器,同时,如果买了不太好的设备,我也会叫铁匠铺的人来,把自己画的示意图给他们,让他们按照图样制作。所以,我们公司能用比任何公司都便宜的设备生产产品,从一开始就具备了不亚于其他公司的竞争力。

我本来就对这些东西很感兴趣。以您公司的规模,有370名员工,我觉得会非常有意思。您也不要因为自己是文科生就自暴自弃,每天到现场,给大家研究课题,让大家一起想想办法。工厂中隐藏着利润空间,要把这些隐藏的利润挖掘出来,这非常重要。

牢牢盯住渠道费用、销售费用

从事OEM生产，生产的炸薯饼被大型食品工厂用自己的品牌销售，利润非常微薄，因此，您说无论如何也要把自己品牌的产品直接销往全日本。因此，您打算在各地成立营业所，这是正确的方向。只是，通过OEM生产提供产品，和推自有品牌，赚的钱很有可能不会有太大差别。

虽然我不太了解您是怎么做的，在OEM生产的时候，通常是制造产品，然后提供给工厂。比如，把炸薯饼交给某家食品厂，这家厂把这些炸薯饼当作自己的产品销往全球。这样一来，他们就必须花费渠道费用及获得自己的利润。他们在定价的时候，大概会把利润幅度定在30%左右。因此，也许他们会让您以七折的价格提供产品。虽然这只是我瞎猜，大概其中至少25%的利润被渠道拿走了。

塾生：正是如此。

塾长：这样一来，供应方因为没有利润，不想供货，所以想经营自己的品牌。在经营自有品牌时，就要自己建渠道。在从事OEM生产的时候，这边的售价是食品厂商定价的75%，而靠自己的渠道销售时，工厂出来的价格是多少成为一个问题。

比如，您让销售把价格定为与给食品厂供货价一样，"你这里有25%的赚头。"假如只花了10%的销售经费，那么在销售上就会产生 15% 的利润。过去这些利润都被别人赚走，现在变成自己的收入。所以，才打算直接销售。

同时，生产方面，从事 OEM 制造的厂商要多少有多少，这些做 OEM 的人们也要获取利润。所以，生产用 75% 的价格也能产生利润。另一方面，如果自己销售，把被食品厂拿走的利润部分全部拿回来，那么销售和生产都能盈利。问题是要不要这样做。

不，渠道费用不需要花 25%。过去虽然按照七五折的价格出货，可现在按照定价的九折出货，并要求销售经费控制在 10% 之内。我对这方面并不太了解，但是搞不好，为了做好自己的品牌，从广告宣传费到渠道费用等花费大量费用，说不定还不如做 OEM。本来为了多拿 25% 的利润才打算建立自己的品牌，可是，自己做了以后才发现，费用超过 25%，一个不小心就会出现这样的状况。所以，要充分考虑销售网和渠道，节约经费，否则经营自己的品牌利润率不见得比较高。

工厂中处处藏着利润。所以，一定要推行合理化生产。同时，要发力做好自己的品牌，就应该仔细地查看渠道费用。您隐隐约约感觉到从事 OEM 生产，为大食品厂供货，会被剥夺过多的渠道利润，作为生产厂家，利润会被严重挤压，可是，做自己的品牌，却可能会产生更多费用，这真是左右为难。

然而，不管怎么说，您的公司是一年销售额 50 亿日元，日产量 100 万～120 万个炸薯饼的企业。虽然利润不高，扣除

6%的折旧费，还有5%的利润。这么看来，您经营企业十分得当，所以完全能够更上一层楼，而且，这也非常有意思。要拯救亏损严重、还慢慢悠悠、濒临倒闭的企业非常困难，但把贵公司这样的还活得很健康的企业经营得更好，是一件非常有意思并令人兴奋的事情。所以，上市是下下一步的事情。首先应该集中精力，把公司变成高收益企业。只要做到这一点，后面的路就会越走越宽，请您加油。

盛和塾

稻盛和夫经营研究中心("盛和塾")是企业经营者学习、亲身实践稻盛和夫的人生哲学、经营哲学与实学、企业家精神之真髓的平台。塾生通过相互切磋、交流,达到事业隆盛与人德和合,成为经济界的中流砥柱、国际社会公认的模范企业家。

1983年,京都的年轻企业家们向稻盛先生提出了一个愿望——"给我们讲解应该如何开展企业经营"。以此为契机,由25名经营者组成的学习会启动了。至2019年底,全世界"盛和塾"已发展到104个分塾,除日本外,美国、巴西、中国、韩国相继成立了分塾。

2007年,曹岫云先生率先发起成立中国大陆地区第一家盛和塾——无锡盛和塾,并任首任会长。

2010年,稻盛先生亲自提议成立稻盛和夫(北京)管理顾问有限公司(以下简称"北京公司"),作为总部负责中国盛和塾的运营。

北京公司成立之初,稻盛先生即决定在中国召开塾长例会,即稻盛和夫经营哲学报告会,后更名为盛和塾企业经营报告会。2010年至今,13届盛和塾企业经营报告会先后举办。盛和塾企业经营报告会已成为一年一度企业经营者学习、交流稻盛经营学的盛会。

2019年底,稻盛先生宣布关闭世界范围内的盛和塾,仅保留中国的盛和塾继续运营。2020年11月14~15日,盛和塾第13届企业经营报告会在郑州举办,稻盛经营学研究者、实践者做现场发表,3000余名企业经营者现场参加了会议。

盛和塾成立30多年来,不仅会员人数不断增加,学习质量也不断提高,其中有100多位塾生,他们的企业已先后上市。这么多的企业家,在这么长的时间内,追随稻盛和夫这个人,把他作为自己经营和人生的楷模,这一现象,古今中外,十分罕见。

盛和塾的使命:帮助企业家提高心性、拓展经营,实现员工物质与精神两方面的幸福,助力中华民族伟大复兴,促进人类社会进步发展。

盛和塾的愿景：让幸福企业遍华夏。

盛和塾的价值观：努力、谦虚、反省、感恩、利他、乐观。

盛和塾公众号　　　盛和塾官方网站　　　稻盛和夫线上课堂

最新版
"日本经营之圣"稻盛和夫经营学系列
任正非、张瑞敏、孙正义、俞敏洪、陈春花、杨国安 联袂推荐

序号	书号	书名	作者
1	9787111635574	干法	【日】稻盛和夫
2	9787111590095	干法（口袋版）	【日】稻盛和夫
3	9787111599531	干法（图解版）	【日】稻盛和夫
4	9787111498247	干法（精装）	【日】稻盛和夫
5	9787111470250	领导者的资质	【日】稻盛和夫
6	9787111634386	领导者的资质（口袋版）	【日】稻盛和夫
7	9787111502197	阿米巴经营（实战篇）	【日】森田直行
8	9787111489146	调动员工积极性的七个关键	【日】稻盛和夫
9	9787111546382	敬天爱人：从零开始的挑战	【日】稻盛和夫
10	9787111542964	匠人匠心：愚直的坚持	【日】稻盛和夫 山中伸弥
11	9787111572121	稻盛和夫谈经营：创造高收益与商业拓展	【日】稻盛和夫
12	9787111572138	稻盛和夫谈经营：人才培养与企业传承	【日】稻盛和夫
13	9787111590934	稻盛和夫经营学	【日】稻盛和夫
14	9787111631576	稻盛和夫经营学（口袋版）	【日】稻盛和夫
15	9787111596363	稻盛和夫哲学精要	【日】稻盛和夫
16	9787111593034	稻盛哲学为什么激励人：擅用脑科学，带出好团队	【日】岩崎一郎
17	9787111510215	拯救人类的哲学	【日】稻盛和夫 梅原猛
18	9787111642619	六项精进实践	【日】村田忠嗣
19	9787111616856	经营十二条实践	【日】村田忠嗣
20	9787111679622	会计七原则实践	【日】村田忠嗣
21	9787111666547	信任员工：用爱经营，构筑信赖的伙伴关系	【日】宫田博文
22	9787111639992	与万物共生：低碳社会的发展观	【日】稻盛和夫
23	9787111660767	与自然和谐：低碳社会的环境观	【日】稻盛和夫
24	9787111705710	稻盛和夫如是说	【日】稻盛和夫
25	9787111718208	哲学之刀：稻盛和夫笔下的"新日本 新经营"	【日】稻盛和夫